Claus Janew · Wahrhaftigkeit

Claus Janew

Wahrhaftigkeit

Mit welchem Bewusstsein wir
Realität erschaffen

Sumari-Verlag

Haftung:

Die Hinweise und Ratschläge in diesem Buch werden vom Leser nur in eigener Verantwortung befolgt. Insbesondere sind sie kein Ersatz für eine ärztliche oder psychotherapeutische Behandlung ernsthafter Beschwerden. Eine Haftung des Autors, des Verlags oder seiner Beauftragten für Personen-, Sach- oder Vermögensschäden ist ausgeschlossen.

Erstveröffentlichung 2012

Ich danke Karin, Rita, Jacqueline und Kurt
für ihre hilfreichen Hinweise zum Text.

Claus Janew
Sumari-Verlag
Tiergartenstraße 26a
01219 Dresden
Deutschland

clausjanew@sumari-verlag.de
www.sumari-verlag.de

ISBN-10: 3-9815171-0-5
ISBN-13: 978-3-9815171-0-1

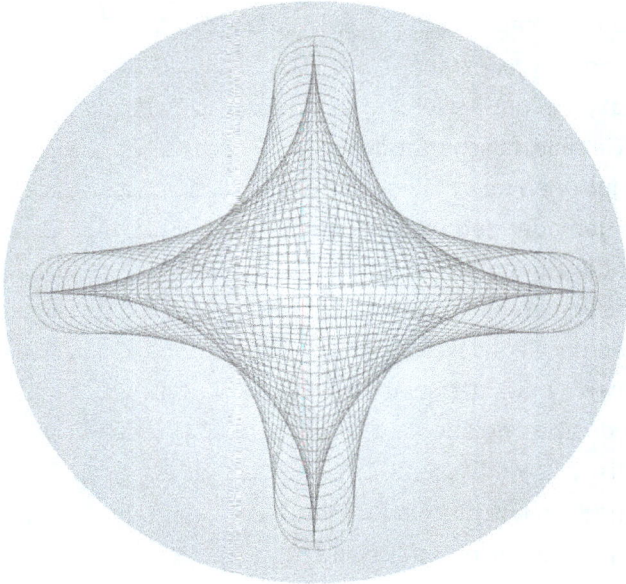

Über den Autor:

Claus Janew, geboren 1966 in Dresden, erforscht seit über 25 Jahren unabhängig philosophische, spirituelle und psychologische Zusammenhänge und betrachtet die ständige Arbeit an sich selbst als eine Lebensaufgabe. Er hat mehrere Artikel in deutsch- und englischsprachigen Zeitschriften sowie zwei Bücher über eine von ihm neu entwickelte Metaphysik veröffentlicht.

Webseiten:

www.bewusstsein-und-realitaet.de
www.free-will.de

Inhaltsverzeichnis

Vorwort:
Woher, wohin und bevor Sie beginnen

Wenn ich einen Text fertig habe, fällt es mir jedes Mal schwer, noch etwas mehr zu schreiben. Ich nehme das als Zeichen dafür, dass er vollständig ist.

Zwar ist der Dschungel der möglichen geistig-seelischen Verwicklungen zu groß, um ihn mit kurzen Betrachtungen und einfachen Anleitungen zu durchdringen. Doch für mich ist gerade dieses Mosaik die Lichtung, auf der ich - durch manchen Schmerz hindurch - wieder zu Klarheit und Zuversicht fand. Wenn Sie sich vor den eigenen Wegentscheidungen ebenfalls an ihr orientieren können, habe ich alles Nötige gesagt.

Die tiefere Kraft hinter dem Buch ist der scheinbare Gegensatz von Wahrheit und Erschaffung, der entsteht, wenn beide durch eine Schicht der Verwirrung getrennt sind. Weder ist Wahrheit nur relativ oder absolut, noch ist Erschaffung auf körperliches Handeln, Interpretation oder Einbildung beschränkt. Wahrhaftigkeit heißt wahrheitsliebendes Erschaffen, gleich ob es um unseren nächsten Entwicklungsschritt, unsere Beziehungen oder unsere physische Umgebung geht.

Was die Erklärung von Wahrheit betrifft, ist das erste Kapitel ein Einstieg, während ich im Übrigen meist auf Ihr intuitives Verständnis setze. Doch für einen genaueren Einblick müssen wir uns gründlicher mit der Struktur von Bewusstsein und Realität befassen, oder besser gesagt: mit deren Einheit, dem Gewahrsein. Auch was Erschaffen eigentlich bedeutet, kann ich nicht genau erklären, wenn ich vom gewohnten Alltagsdenken ausgehe. Deshalb möchte ich Sie mit theoretischen Erkenntnissen nicht ganz verschonen. Immerhin (Ich habe nachgerechnet!) beträgt ihr Anteil nur 25 Prozent und bildet einen durch markierte Seitenzahlen abgegrenzten Bereich.

Was Sie zuvor im größeren Teil des Buches finden, können Sie dagegen unmittelbar zur Einschätzung und Besserung Ihrer Situation verwenden. Fast alle diese Kapitel sind direkt aus der Bewältigung konkreter Lebenssituationen entstanden. Ich habe sie nur lesbar gemacht und locker miteinander verbunden. So ist das Buch authentisch und entspricht am besten dem Titel und meinem Anliegen.

Das heißt auch, Sie können nahezu jedes Kapitel unabhängig lesen! Einige Begriffe, auf die ich an anderer Stelle im Buch eingehe, habe ich wie <u>Links im Internet</u> unterstrichen. Das Ziel so eines Verweises entdecken Sie leicht anhand der Kapitelüberschriften.

Sogar die theoretischen Kapitel dürften überwiegend einzeln verständlich sein, obschon ich hier die vorliegende Reihenfolge empfehle. Sie sind eine neuartige Kurzdarstellung des Weltbildes, das ich ausführlich in meinem Buch "Die Erschaffung der Realität" beschrieben habe (siehe <u>Literaturempfehlungen</u>). Die daran anschließenden, letzten vier Kapitel können Sie zwar ebenfalls eigenständig lesen, sie sind aber deutlich einsichtiger nach dem vorhergehenden Abschnitt.

Und nun wünsche ich Ihnen eine erhellende Lektüre, unerwartete Anregungen, vielleicht auch Wutausbrüche, aber auf jeden Fall Bezugspunkte für Ihre eigene Werterfüllung.

Was ist Wahrheit?

Wahrheit ist ein umstrittener Begriff. Die einen streiten ihre Existenz grundsätzlich ab - was an sich schon wieder eine Wahrheit wäre. Die anderen sehen sie in einem grundlegenden Glauben, nennen sie "Wissen" und verstehen kaum, warum andere sie zu übersehen scheinen. Aber dass es einen Unterschied geben kann zwischen dem, was man sagt, glaubt und weiß, verstehen alle. Auch was davon Vorrang hat, falls es darauf ankommt.

Ankommt worauf?

Wenn Sie wissen, dass Sie auf einem Stuhl sitzen, und jemand anders kommt herein und behauptet, Sie säßen auf einem Ball, woran unterscheiden Sie dann, was wahr ist? An Ihrem Sitzgefühl? An dem was Sie sehen? Oder woran Sie sich erinnern, als Sie das letzte Mal von der Toilette kamen? Wahrscheinlich anhand aller drei. Drei Standpunkte gegen einen - das muss genügen.

Falls Sie aber mit verbundenen Augen meditieren und schon lange nicht mehr draußen waren, sind sie dann auch so sicher? Ja? Sie fühlen immer noch den Untergrund, der ihrer Erfahrung nach zu einem Stuhl gehört. Sie lassen diese Einheit aus Gefühl und Erfahrung wieder vorgehen. Der andere hat Unrecht.

Was nun, wenn er Ihnen das Sitzding bei verbundenen Augen untergeschoben hat und es sich komisch anfühlt? Er redet wieder von "Ball". Sie haben kaum noch eine Vergleichsmöglichkeit.

Nun zweifeln Sie und sind geneigt, ihm zu glauben, nicht wahr? Das Vertrauen in den anderen zählt jetzt mehr als der persönliche Eindruck.

Und wenn Sie ihm *nicht* vertrauen? Dann bleibt Ihnen nur, die Augenbinde abzunehmen und sich einen eigenen Eindruck zu verschaffen. Warum ziehen Sie diesen Eindruck vor? Weil er Ihnen *näher* ist, Ihnen, dem Betroffenen. Somit ist er intensiver, glaubwürdiger, als das Gerede des anderen.

Jetzt stellt sich heraus, dass es sich um ein futuristisches neues Sitzmöbel handelt, über dessen Einordnung man durchaus streiten kann. Glücklicherweise kommt gerade ein zweiter Kollege hinzu und findet das Gerät ballartig. Die Kollegin von nebenan kommt auch noch und definiert es als Ball. Und als solcher wird es wohl in die Bürogeschichte eingehen, denn das ist die Zusammenfassung der mehrheitlich vertretenen Standpunkte.

Sollten Sie dagegen immer noch auf dem Stuhl bestehen, haben Sie schließlich Mühe, damit ernst genommen zu werden. Denn Sie sind nicht *in Harmonie* mit der allgemeinen Wahrnehmung. Ebenso wenig war der erste Ballvertreter in Harmonie mit Ihrem dreifachen Stuhleindruck (fühlen, sehen, erinnern), mit dem Sie da wahrscheinlich recht hatten.

Was also ist wahr? Das wozu sich die meisten Standpunkte zusammenfassen lassen und was dem Betroffenen näher ist.

Doch falls eins dem anderen widerspricht? Hier gilt es nachzuforschen, woran das liegt und worin die größere Harmonie bestehen würde. Wer Wahrheit finden will, muss sich so vielen Standpunkten wie möglich *öffnen* und sie alle einbeziehen. Bleibt er dabei nahe am Untersuchungsgegenstand, stehen seine Chancen gut, das bestmögliche Wissen herauszukristallisieren.

Kann er die anderen *auf diesem Weg überzeugen*, verlagert sich die Zusammenfassung der Standpunkte in die Nähe seines eigenen. "Offenbar liegt er richtig." Kann er aber erst *später* überzeugen, hatte er vielleicht dennoch *rückwirkend* recht, weil die anderen die Beweglichkeit *ihres* eigenen Standpunktes zu sehr eingeschränkt hatten - und dies nun einsehen. So arbeiten wir uns zu einer immer umfassenderen Wahrheit vor.

Die Wahrheit sagen

Eine Wahrheit betrifft mehr als ein Individuum. Denn das unterscheidet Wahrheit von Illusion. Deshalb verlangt sie nach Mitteilung. Ohne ihren *Ausdruck* hätte die Entdeckung einer Wahrheit wenig Sinn. Sie könnte ihrer Gültigkeit nicht entsprechen. Sie bliebe *unterdrückt*.

Gewissen rührt dementsprechend von der Identifikation mit dem anderen her, man empfindet für ihn: "Wenn er wüsste, dass ich lüge, wäre er verletzt" - unabhängig vom Risiko erwischt zu werden. Ich fühle wie wenn er es tatsächlich weiß - umso mehr je verbundener ich ihm bin. Also lüge ich nicht.

Wenn ihn aber auch die Wahrheit schmerzen würde? Dann habe ich die Wahl zwischen dem Schmerz der Wahrheit und dem Schmerz der Heimlichkeit.

Während der Schmerz der Wahrheit Größe beinhaltet und die Chance zu Harmonie und Wachstum bietet, schmälert Heimlichkeit unsere Verbindung, verstärkt den Schmerz durch diesen Verlust wie auch durch meine verringerte Selbstachtung und bietet allenfalls Scheinharmonie. Würden Sie das wählen?

Manche belügen sich zuerst selbst und dann den anderen, um ihrem schlechten Gewissen zu entgehen. Denn was ich mir selbst antue ist ja meine Sache, oder? Ja, aber es ist schlimmer: Ich schmälere die Verbindung zu meinem Innern, meiner *Echtheit*. Der Betäubung opfere ich damit etwas Größeres als die Beziehungsqualität: die Harmonie meines Selbstverständnisses.

Wie können wir vertrauen?

Gibt es eine Wahrheit, die nicht feststellbar ist? Das wäre offenbar ein Widerspruch in sich. Etwas Existierendes muss wirken. Also ist es grundsätzlich wahrnehmbar wenn wir hinsehen, wenn wir aus Erfahrungen schlussfolgern, wenn wir hineinspüren.

Natürlich kann unsere Wahrnehmung jederzeit durch neue Eindrücke relativiert oder als äußerst subjektiv erkannt werden. Dennoch ist es sinnvoll, ihr zu vertrauen - wenn wir sie von mehreren Seiten untersucht und hinterfragt haben. Dann haben wir das Restrisiko so weit reduziert, dass wir künftig mit einer gesunden Wachsamkeit in den Augenwinkeln auskommen. In einer Beziehung rechtfertigt dies auch unser offenes, *aktives* Vertrauen in den anderen, das ihn seinerseits zu vertrauenswürdigem Handeln anregt. Selbst Lebensziele, denen wir so vertrauen, werden sich nähern.

Blindes Vertrauen ist demgegenüber nichts als Blindheit, es ist bedeutungslos. Echtes Vertrauen ist ein Loslassen aufgrund innerer Bindung: an ein Kondensat von Erfahrungen oder an das Wesen eines anderen Menschen. Letztlich ist es ein Vertrauen in die Sinnhaftigkeit des Lebens, dem wir angehören und dessen Wechselfälle in größerem Rahmen einen Sinn ergeben, der uns zumindest zur Erforschung unserer Selbst einlädt.

Das Restrisiko akzeptieren wir deshalb auch am besten dadurch, dass wir uns mit den Konsequenzen auseinandersetzen, die eine Enttäuschung des Vertrauens nach sich ziehen würde. Das kann schmerzhaft sein, keine Frage. Doch der Lohn ist Zutrauen in das Ungewisse und in uns, die wir diese Konsequenzen ziehen würden. Wir haben sie jetzt schon akzeptiert und sie sind nun längst nicht mehr so bedrohlich.

Misstrauen in der Beziehung

Eine Beziehung, die Anlass zum Misstrauen gibt, ist entweder quälend oder ihr fehlt es an Tiefe. Beides sind berechtigte Gründe sie abzulehnen. Beispielsweise bedeutet Verschlossenheit eines Partners in einer wichtigen Angelegenheit für den anderen automatisch Risiko, das Risiko des Ungewissen, nicht Prüfbaren, Unkalkulierbaren. Wenn Sie darauf wetten, dass sie ihm schon auf die Schliche kommen würden, liegen sie damit *auf Dauer* garantiert falsch. So viel können sie gar nicht merken.

Zwar drückt sich auch unterdrückte Wahrheit aus (sie existiert), aber in verzerrter Form: Die Beziehung kränkelt, die Selbstharmonie ist gestört, ein Stück Einsamkeit macht sich breit.

Andererseits wollen Sie keinen unnötigen Verlust der Beziehung riskieren. Also achten Sie auf alle kleinen Hinweise und vergessen nicht jene unmerklichen, die Sie lieber übersehen würden und bisher auch nicht gesehen haben. Sie haben Anspruch auf eine Beziehung, die auf Wahrheit und nicht auf Täuschung beruht, und so fragen Sie den anderen nach dem, was ihn bewegt und versichern ihm Ihre Bereitschaft zu verstehen. Vielleicht vertagt er sich für längere Zeit. Einige Informationen werden Sie auf unglaublichen Wegen von außen erreichen, wenn Sie danach lechzen. Doch irgendwann kommt es nur noch auf seine Offenheit an.

Kommt sie nicht, haben Sie die Wahl, die daraus folgende Verflachung der Partnerschaft zu akzeptieren - sofern der andere Ihnen seine Prioritäten glaubhaft macht und warum die Beziehung von der Wahrheit nicht bedroht wäre. Oder es ist Zeit für ein ernst gemeintes Ultimatum.

Öffnet sich der andere hingegen, brauchen Sie Ihre Kreativität, um mit der Wahrheit umzugehen...

Echte Gefühle, falsche Tatsachen?

Kann man Tatsachen gegen Gefühle ausspielen? Besonders Frauen wird gelegentlich nachgesagt, sie ließen gerne mal fünf gerade sein, um ihre oder seine Gefühle nicht zu trüben. Dann war sie eben Schaufenster gucken statt mit dem Kollegen spazieren.

Nun können Gefühle zweifellos eine tiefere (umfassendere) Wahrheit bedeuten als oberflächliche Tatsachen. So erscheint es zuweilen richtig, auf die Gefühle zu setzen und den Rest zu verdrehen. Doch dieser Widerspruch zwischen Tatsache und Gefühl ist selbst künstlich.

Da Tatsache und Gefühl zusammenhängen, wäre es auch nach jener Werteordnung verlogen, an einem eingebildeten Gefühl, sagen wir Liebe, festzuhalten, um eine Tatsache, sagen wir eine Ehe, aufrechtzuerhalten. Und die Ehe zu verschweigen, um die Gefühlsbeziehung zum Liebhaber zu retten, wäre ebenso klar daneben. Warum ist das einsichtig? Weil wir hier zwei *gleichermaßen* wichtige Dinge gegenüberstellen: Liebe und Ehe. So sehen wir auch sofort, dass das Gefühl selbst eine Tatsache ist. Die eigentliche Unstimmigkeit ist der Widerspruch *zwischen zwei Tatsachen*.

Was die mogelnde Person in allen Fällen macht, ist also nichts als gewöhnliches Lügen. Echte Gefühle machen eine Lüge nicht edel. Viel besser wäre es, im Gespräch die Verbindung zwischen bequemer und unbequemer Wahrheit wiederherzustellen, also an der Echtheit der Gesamtsituation zu arbeiten.

Dennoch gibt es eine Ausnahme: Die Verleugnung von intensiven Gefühlen, deren bloßes Eingestehen sie zur Unzeit entfesseln würde (Trauer, Leidenschaft), kann das einzige Gegenmittel sein - vorübergehend.

Gute Illusionen und mäßige Rollen

Illusionen können nützlich sein, wenn sie bestimmte, für mich, den Illusionierten, sinnvolle Aktivitäten bewirken. So zum Beispiel in einem Lehrer-Schüler-Verhältnis, wenn mich mein Lehrer belügt, um mich auf eine Spur zu setzen, auf der ich die Wahrheit selbst finden soll. Ich vertraue dem Lehrer dabei als solchem und habe mich auf sein Spiel eingelassen. Zwischen der Wahrheit und der Lüge besteht eine höhere Harmonie.

Eine Illusion mit einer gewissen Verwirklichungschance kann auch als Fixpunkt für meinen weiteren Weg dienen, als Ausdruck eines Ideals, dem ich zustrebe, dessen Idealität mir aber nur manchmal klar ist. Auch hier besteht eine höhere Harmonie, wenn sich das wahre Potential besser durch die anziehende Illusion verwirklicht. So gehen wir mit einer Menge Illusionen ins Erwachsenenleben und würden sicher vieles nicht anpacken, wenn wir wüssten, wie viele Abstriche wir wahrscheinlich noch vornehmen.

Bleibe ich mir über eine Illusion unterschwellig im Klaren, zum Beispiel wenn ich sie bewusst gewählt habe, um eine bestimmte Erfahrung zu machen, dann ist sie natürlich nicht vollständig. Besonders im Kino und Theater ist die Illusion so flüchtig, dass ich mir freiwillig Dramen aussuche. Dennoch kann mich das Spiel vereinnahmen, so dass ich die Schauspieler hinter ihren Rollen vergesse.

Nun spielen wir ja auch selbst viele Rollen: Vater/Mutter, Kind, Kollege, Kumpel, Liebhaber, Clown und so weiter. Und jede Rolle davon ist wahr - als Rolle. Wenn eine Kollegin aber *mich* kennenlernen will, muss sie sich auf den Gesamtzusammenhang meiner Rollen (jedenfalls der wichtigen) einlassen. Dann weiß sie mehr über den *wahren* Claus, sie erfasst einigermaßen meinen Kern, mein Wesen. Je isolierter dagegen meine Rolle, desto illusionärer ist sie.

Liebe insbesondere kommt nicht gut mit einer Rolle aus, da sie naturgemäß so viel wie möglich vom geliebten Individuum zu erfassen sucht und die eigene Wahrheit ans Licht bringen will. Liebe und

Show zu kombinieren, ist ein Kurzschluss zwischen Tiefe und Oberfläche, dessen Energie sich schnell erschöpft.

Selbst wenn jemand sein Wesen als Rolle unter anderen benutzt, um etwas zu erreichen, also mit Berechnung aufrichtig ist, degradiert er es damit zur Halbwahrheit. Denn diese Rolle ist jetzt eben *nicht* der Kern, sondern das rechnende Ego ist es.

Falls allerdings das Ego nur *verzerrungsfrei das Wesen vereinfacht*, drückt es die Wahrheit zwar nicht erschöpfend, aber harmonisch aus und verkörpert damit eine authentische Rolle. Kommt es von anderen Aufführungen immer wieder auf sie zurück, lässt sich auf dieses Individuum bauen.

Schweigen oder den Partner belügen?

Offenheit und Achtung sind eine verlässlichere Basis für enge Beziehungen als Beschönigung und Mogelei. Denn je mehr wir unsere tiefe Verbindung nur auf einer gefälligen Oberfläche ausleben, desto mehr geht von ihr verloren und desto mehr Zeit haben wir verschwendet. (Auch anfangs spielerisch versteckte Werte wollen ja letztlich offenbart und gelebt werden.)

Statt zu lügen ist es ehrlich, wenigstens zuzugeben, dass man etwas nicht sagen will. Sofern der andere dies respektieren kann.

Allerdings legt "Sag ich nicht" oft schon eine erwartete Antwort nahe. Doch *diese* Offenheit, dieses Schweben lassen, kann und sollte eine Partnerschaft zulassen. Denn für seine Erwartungen ist jeder selbst verantwortlich. Der Schweigende mag dabei versichern, dass es sich nicht um etwas Wichtiges handelt - sofern es zutrifft.

Wenn nun aber "Sag ich nicht" wirklich bereits zu viel sagt, kann eine Lüge das einzige Mittel des Schweigens sein (so wie Heimlichkeiten auch allgemein zu Lügen führen, wenn es darauf ankommt). Ich schlage jedoch vor, eine solche Lüge aufzuklären, sobald es die Umstände zulassen. Damit haben wir auch in diesem Grenzfall ein Maximum an Ehrlichkeit gelebt.

In *wichtigen* Dingen freilich ist Schweigen schlecht, ob erklärt oder nicht. Selbst wenn die Dinge nur einer Seite wichtig sind. Unser Gewissen verlangt nach einer Offenheit, die *ungefragt* das Interesse des anderen bedient - so wie wir es von ihm erwarten. Wahrheit ist Ausdruck.

Dazu höre ich oft, die Wahrheit wäre für den anderen verletzend. Doch verletzend kann nur etwas Unverstandenes sein: Wirklich Verstandenes *muss* man akzeptieren als das, was es einfach ist - samt Schmerz - oder es widerlegen. Offenheit setzt also *Verständigkeit* des Partners voraus (im Sinn von "verstehen können", nicht von "Verständnis haben") und andererseits das *Vertrauen* darauf. Ob er dann auch *Verständnis* hat, ist *seine Entscheidung*, die nun ebenso zu respektieren ist wie die eigene Freiheit etwas zu tun, das ihm nicht gefällt.

Schweigen oder gar Lügen wäre demnach gerechtfertigt, wo das Nichtverstehen des Partners abzusehen ist. Aber auch da noch ist es fairer, ihm zu überlassen, was er verstehen *will*. Nur *sein eindeutiges Unvermögen zu verstehen* rechtfertigt zweifelsfrei eine Lüge. Denn in diesem Fall würde die Wahrheit ohnehin nicht ankommen.

Das Vertrauen in den Lügenden kann erhalten bleiben, wenn ich weiß, dass er diese Möglichkeit nur ausnahmsweise in für mich unwichtigen Angelegenheiten gebraucht. Ich vertraue dann darauf, dass er "richtig" lügt.

Dagegen würde eine Beziehung, in der in wichtigen Angelegenheiten Schweigen herrscht, eines wesentlichen Aspektes entbehren. Und wenn sich nicht beide in gleichem Maße über diese Beschränktheit im Klaren sind, wird das Vertrauen einer Seite missbraucht.

Die Kriterien, die zusammen eine Offenbarung besonders nahelegen sind also:

- Es ist eine enge Beziehung.

- Es ist wichtig für den anderen.

- Er kann es wahrscheinlich verstehen.

- Er würde es wissen wollen.

Aufrichtigkeit und Leidenschaft

Die meisten Menschen wissen spontan sehr gut, was Aufrichtigkeit ist und was sie in Ihrem Leben bedeutet:

- Aufrichtigkeit führt zu Entwicklung und Wachstum der Persönlichkeit und so - über den manchmal mit ihr verbundenen Schmerz hinaus - zu größerer Freiheit.

- Aufrichtigkeit belastet nicht durch innere Widersprüche und die Kontrolle eines Lügennetzes. Sie macht echte Spontanität erst möglich.

- Aufrichtigkeit respektiert den anderen als mündigen und freien Partner. Damit wertet sie diese Partnerschaft auf.

Aufrichtigkeit kann in freundschaftlichen Beziehungen relativ leicht gelebt werden. Aber wenn leidenschaftliche, vor allem erotische Gefühle hinzukommen, können mitwachsende Ängste die innere Werteordnung herausfordern: Es werden abwegige "Ausnahmen" gemacht, Unstimmigkeiten getarnt oder vergrößert, nach innen oder nach außen verlagert, und letztlich vervielfacht.

Um hier echte Wahlmöglichkeiten zu schaffen, schlage ich ein rigoroses Programm vor:

1. Halten Sie Ihre Leidenschaft in der Schwebe!

2. Werden Sie sich über die freundschaftliche Basis Ihrer Beziehung klar.

3. Stellen Sie sich das Leben von Aufrichtigkeit in dieser Freundschaft vor.

4. Lassen Sie nun die Leidenschaft *langsam* wieder zu und verfolgen Sie, was sich ändert und was nicht.

5. Wiederholen Sie den Vorgang so oft wie nötig.

6. Ziehen Sie Konsequenzen.

Hartnäckige Verhaltensmuster lockern

Möglicherweise wissen oder ahnen Sie längst, dass Sie in Ihrem Leben etwas nicht richtig machen, nicht im Sinn Ihres oder jemandes anderen Wohls handeln. Doch wie gebannt folgen Sie weiter dem eingeschlagenen Weg, können sich aus irgendeinem Grund nicht lösen und versuchen Alternativen auszublenden. Fragen Sie sich einmal konsequent und ohne Vorbehalte:

1. Was wird geschehen, wenn ich so weiter mache?

2. Will ich das wirklich?

3. Wenn nicht, was will ich wirklich?

4. Wenn das möglich wäre, was müsste ich dafür tun?

5. Warum tue ich es nicht?

6. Kann es sein, dass ich das nur glaube?

Haben Sie diesen Glaubenssatz formuliert, können Sie ihn weiter hinterfragen und durch einen besseren ersetzen (<u>Glaubenssatzarbeit</u>).

Daraufhin werden Sie mehr erleben als eine direkte Reaktion auf Ihr neues Verhalten. Wenn Sie in Harmonie mit einem tiefen inneren Zweck handeln, wird Ihnen binnen kurzer Zeit (Wochen oder Monate, nicht Jahre) eine Unterstützung zuteil, die Sie vorher zu recht für unwahrscheinlich hielten.

Falls sich aber die Art Ihrer Reaktionen wiederholt, versuchen Sie bitte, die Deutung der auslösenden Ereignisse, die Sie halbbewusst *im Bruchteil einer Sekunde* vornehmen, herauszufinden. Fühlen Sie sich zum Beispiel benachteiligt, eingeengt oder kurz davor zurückgewiesen zu werden? Auch solche Keimsituationen (Fritz Riemann) erlauben Ihnen neue Entscheidungen, sobald Sie die zugrundeliegenden Glaubensvorstellungen hinterfragt haben.

Kriterien der Redlichkeit

Dies sind die Werte des mitmenschlichen Umgangs, die ich unter dem Begriff "Redlichkeit" zusammenfasse.

1 = niedrig	Bedeutung einzeln	Einfluss auf die anderen Werte	Gesamt-bedeutung
Aufrichtigkeit	3	4	7
Achtung	4	2	6
Zuverlässigkeit	2	3	5
Gerechtigkeit	1	1	2

Die Bewertung entstammt meinem persönlichen Erleben, obschon ich sie der allgemeineren Gültigkeit verdächtige:

Man muss den anderen nicht achten, um aufrichtig zu sein, denn Aufrichtigkeit ist in erster Linie eine Abmachung mit sich selbst. Doch aufrichtige Menschen finden eher zu Achtung, Zuverlässigkeit und Gerechtigkeit, da sie sich gestatten, deren Bedeutung zu spüren.

Ohne Achtung für den anderen wird eine Beziehung zu ihm sehr schwierig. Weil sich dieser Wert jedoch auf die Beziehung selbst bezieht, ist sein Einfluss auf Zuverlässigkeit und Aufrichtigkeit *vergleichsweise* gering.

Zuverlässigkeit wiederum ist ein Wert, dem man *sich selbst* verpflichtet fühlt und der auf die anderen Werte angewendet werden muss, um sie nicht zu sabotieren. Seine Vernachlässigung *im Übrigen* ist dabei nicht ganz so gravierend.

Gerechtigkeit ist mehr eine *Folge* der anderen Werte, obwohl diese zu ihrer Herstellung nicht ausreichen. Da sie außerdem oft schwer zu bestimmen ist, kommt ihr weniger Bedeutung zu.

Kann ich in einer engen zwischenmenschlichen Beziehung, den anderen nicht mehr achten, ist das noch schmerzhafter, als ihm zu misstrauen. Denn ich verachte damit den Teil *von mir selbst*, der sich mit dem anderen identifiziert hat. (Ebenso bewirkt jedoch mein enttäuschtes Vertrauen eine Enttäuschung meines Selbstvertrauens.) Auch wenn ich ihm etwas Wichtiges schenke, im weitesten Sinn, das er nicht zu würdigen weiß, geht die Unwürdigkeit meiner Gabe in mein Selbstgefühl ein. Gefährdet die Beziehung aber meine Selbstachtung, zerbricht im Zweifelsfall besser die Beziehung.

Möglicherweise müssen wir dann auch die gemeinsame Vergangenheit neu bewerten, Erinnerungen umstrukturieren und uns auf das konzentrieren, was immerhin *anklang*, was wir mit mehr Redlichkeit gehabt *hätten*. Und wenn wir wieder zu uns gefunden haben, leben wir vielleicht jenes Potential, jenes Ideal, weiter, das die Beziehung *in uns selbst* geweckt hat.

Verzeihen - muss das sein?

Wäre unsere Vergebung dem anderen sicher, müsste er keine Rücksicht auf uns nehmen. Offenbar braucht Vergebung mehr als unseren guten Willen. Ja, im Grunde ist Vergebung gar nicht nötig.

Wenn ich voll und ganz *verstehe*, warum der andere so gehandelt hat, wie er es tat, kann ich entscheiden, ob ich sein Verhalten *akzeptiere* oder nicht. Und welche Konsequenzen ich für mich daraus ziehe. Dies setzt meist voraus, dass der andere sein Verhalten selbst versteht und darüber spricht. Bereuen muss er es nicht und zu verzeihen gibt es auch nichts.

Versteht und *bereut* er sein Verhalten, habe ich wenig Grund, Konsequenzen zu ziehen. Er hat sich auch selbst verletzt, hat dies eingesehen und die Wiederholungsgefahr ist gering. Ich kann ihm *verzeihen*.

Versteht er aber sein Verhalten nicht, sondern bereut nur, *mich* verletzt zu haben, bleibt eine Wiederholung unter ähnlichen Umständen wahrscheinlich, denn er hat sich offenkundig nicht unter Kontrolle. Meine Vergebung wäre hier ein zwar großzügiges, aber leichtsinniges Geschenk.

Was Vergebung mit Wiederholungsgefahr zu tun hat? Verletzung ist immer auch die des Vertrauens: in die eigene Sicherheit, den anderen, die Beziehung, sich selbst. Da Vertrauen langfristig angelegt ist, bewirkt Reue allein noch nicht seine Wiederherstellung. Es muss Gründe geben, die eine erneute Verletzung abwegig machen; und die vormaligen Ursachen müssen von beiden Seiten begriffen worden sein, so dass keine abgespaltenen Erlebensbereiche das Vertrauen wieder unterlaufen können. Erst dann stellt Vergebung die emotionale Reinheit her, die einen Neuanfang ermöglicht.

Mag der andere weder sich selbst verstehen noch bereuen, bekäme Vergebung etwas Heiliges. Wir müssten uns in ihn hineinversetzen, um ihn zu begreifen, dann aus irgendeinem Grund auf sein seelisches Wachstum vertrauen und inzwischen selbst nicht mehr verletzbar sein. Falls wir diesen übergreifenden, quasi göttlich liebenden Standpunkt nicht durchhalten können, wird unsere Vergebung schnell scheinheilig - und das dürfte die Regel sein.

Um einem Uneinsichtigen und Reuelosen zu verzeihen, sollten wir besser verstehen, dass er sich selbst keinen Gefallen getan hat. Seine Verständnislosigkeit für das eigene Tun und dessen Folgen ist eine *Behinderung* seines Erlebens. Er hat keinen Vorteil, auch wenn er sich das einbildet. Wir müssen ihn auch nicht zu dieser Einsicht bekehren. Es genügt, wenn wir uns selbst darüber klar werden, um unsere emotionale Verwirrung zu beseitigen. Vertrauen wird so allerdings nicht wieder hergestellt, und es gibt auch keinen Neuanfang. Stattdessen bleiben wir wachsam.

Natürlich setzt keine Form der Vergebung den Zähler wieder auf null. Einen Neuanfang *in diesem Sinn* kann es nicht geben, denn die geschaffenen Fakten sind jetzt anders. Irgendeine Form der "Wiedergutmachung" mag zwar der *Gerechtigkeit* auf die Beine helfen. Doch ob wir die Fakten akzeptieren und wie wir nun weitergehen ist unserem freien Willen überlassen.

"Ich werde verzeihen. Doch ich werde niemals vergessen."

Nelson Mandela

Verlieben und Entlieben

1. Am Anfang steht eine mehr oder weniger tiefe Grundresonanz: Harmonie, Sympathie, Vertrautheit.

2. Nun werden immer mehr Merkmale und Eigenheiten des anderen einbezogen, auch zu ihnen Resonanz hergestellt.

   Hier kann ein Verlieben noch verhindert werden. In welche Richtung - Erotik, Freundschaft, Verehrung - sich die Resonanz weiterentwickelt und ob überhaupt, hängt auch von der bewussten Betonung ab.

3. Ab einem gewissen Umfang erotischer Resonanz sind wir verliebt. Alle übrigen Eigenschaften des anderen werden von diesem Gefühl überstrahlt.

   Wenn ein tiefes Einlassen doch noch verhindert werden soll: Die Gefühle weder unterdrücken noch auf den anderen richten, sondern in die Umgebung oder von ihm weg "in die Luft" strömen lassen! Er ist dann nur der Auslöser der Gefühle, nicht ihr Gegenstand.

4. Nachdem Anfangsverliebtheit und Energiefreisetzung nachgelassen haben, auch durch die Übernahme von Gefühlseinstellungen des Partners, kommen dessen nicht harmonierende Eigenarten zum Vorschein. Jetzt entscheidet sich, ob sie als passende Herausforderung angenommen oder toleriert werden können.

   Ist das überwiegend nicht der Fall, wird auch die Liebe beeinträchtigt. Der Schmerz gewinnt die Oberhand als Ausdruck des zunehmenden Verlustes auch der harmonischen, verinnerlichten Aspekte und der Hoffnung.

5. Die letzte Rettung, wenn alles zusammenbricht, ist das Empfinden der eigenen Identität. ICH existiere - sonst würde ich mir keine Gedanken machen. Und das ist ein Zentrum! Aus diesem Zentrum wird alles Weitere erschaffen, mit dem sich

dann das Zentrum verlagert. So können wir uns zuversichtlich dem neuen Weg anvertrauen, im Fluss bleiben.

Das Empfinden der eigenen Individualität und ihrer Unzerstörbarkeit ist es auch, was uns das Kommen und Gehen ekstatischer wie schmerzhafter Gefühle gleichmütig beobachten lässt. Selbst das Verlieben und Entlieben. Der weitaus größte Teil unseres Gewahrseins ist so umfassend, dass sein Empfinden durch ein irritiertes Ego kaum verändert wird. Das ist der 'gleichbleibende" Kern. Zugleich "teilen" wir diesen Kern mit allem und jedem.

> Die Sehnsucht nach Ewigkeit einer großen Liebe wird erfüllt, nicht durch oberflächliche Fortdauer, sondern durch eine *Tiefe*, die sie über die Ewigkeit beliebiger Momente hinaushebt. Diese Liebe wirkt aus dem eigenen Wesen oder beider Wesensverbindung auf alle weiteren Ereignisse - bis sie sich irgendwann der Ewigkeit *jedes* Ereignisses nähert.

Liebe tief und weit

(Das Kleingedruckte können Sie überspringen, wenn Sie <u>All-das-was-ist</u> noch nicht gelesen haben.)

Je tiefer Individuen einander lieben, desto mehr ist es eine Liebe ihrer Ideale. Die verwirklichten Seiten der Individualität bilden nur einen Teil der neuen Harmonie, einen der sich mit ihr bereits verändert hat. Das, was beide fühlen und anstreben, ist vielmehr *das eigene geweckte Potential*, welches auf den anderen und *sein* Potential anspricht. Es ist die (beginnende) Co-Verwirklichung verborgener *wesenseigener* Aspekte, die das ganze Leben verwandeln und verzaubern können.

Bedenken wir, dass alles <u>Gewahrsein</u> ineinander übergeht, sich zum Gewahrsein eines jeden Individuums zusammenwickelt, aus dessen Tiefe sich dann nur ein Teil dieses gigantischen Potentials entfaltet, so hat Liebe *auch* universellen Charakter. Dabei muss die Liebe *All*-dessen-was-ist jedem *unendlichen* Gewahrsein als momentane Form seiner selbst *gleich* zugewandt sein.

Da mein Bewusstsein *jetzt* an der Spitze meiner individuellen Rangfolge aller Perspektiven steht, gilt ihm diese Liebe gerade *vorrangig*. Meiner ganzen unteilbaren Perspektivenhierarchie gilt sie in diesem Moment sogar ausschließlich. Dennoch ist sie im selben Moment schon wieder einem anderen Gewahrsein zugewandt.

Wir Menschen untereinander entsprechen dem langsamer: Unsere tiefen Gefühle gelten in einem bestimmten Moment einem bestimmten Partner. Doch in anderen Phasen unserer Bewusstseinsbewegung gilt unsere Liebe anderen Menschen und Dingen. Inneren Vorlieben folgend unterscheiden sich dabei die Gefühlsintensitäten. Die allumfassende Liebe muss zwar ebenfalls zwischen Phasen (Fokussen) des Bewusstseins unterscheiden, aber ihre Intensität kann nur *aus Sicht dieses Bewusstseins* schwanken - immerhin ein weiteres Zeichen seiner Vielfalt.

In dem Maß, in dem meine Liebe zu jemandem steigt, werde ich versucht sein, die Beziehung zu ihm zu vertiefen und in alle möglichen Richtungen auszugestalten (ihren Umfang zu erweitern). Das heißt, ich versuche ihr Wesen, ihre *Wahrheit* zu leben.

Dies durch Ausschließlichkeit erreichen zu wollen, wäre sehr beschränkt. Denn wahre, tiefe Liebe kann viel mehr Seiten des Partners (Fokusse seines Bewusstseins) umfassen, als die, aus denen sie entsprungen ist. Ihre Ideale können auf diese Seiten "ausstrahlen" und besser noch: sie aus einem rechten Verständnis heraus integrieren. Wir können und sollen weder alles lieben noch alles gutheißen, doch solange unsere Prioritäten nicht in Frage gestellt sind, können wir lernen, unserer Liebe zu *vertrauen* wie der Liebe eines Gottes. Es ist eine Liebe, die über die eigene Selbsterfahrung *hinausführt*, ebenso wie über die Selbsterfahrung der Partnerschaft. Sie ist darauf angelegt, die Welt zu umfassen - auf eine einzigartige, individuell abgestufte und harmonische Weise.

Prioritäten sind nötig für die höchstmögliche Tiefe *und* Breite unserer Liebe - das optimale Verhältnis von Konzentration und Offenheit für ein natürlich beschränktes Wesen. Je tiefreichender die Hierarchie, desto umfassender sollte sie sein; aber auch je umfassender, desto tiefreichender.

Schwierigkeiten entstehen, wenn Ideal und Realität zu weit auseinanderklaffen, wenn das geweckte Potential an vorerst unüberwindliche Grenzen stößt. Falls der Partner idealisierte, aber gehemmte Seiten von mir selbst auslebt und ich mich an dieser Wiedervereinigung mit ihnen erfreue, erlebe ich eine Enttäuschung an ihnen erneut als eigene Begrenztheit. Obwohl ich vielleicht *aus gutem Grund* nicht dasselbe wollte wie er.

In einer reifen Liebe allerdings habe ich so weit zu all meinen Aspekten gefunden, dass der andere sie nur noch *erweitert*, etwa um solche, die ich wirklich nicht selbst leben will, die meine Individualität harmonisch *ergänzen*, ohne etwas von ihr zu ersetzen. Sind sie aber auch keine Ergänzung, teile ich nur, was zusammenpasst, und lasse im Übrigen locker...

Treue und Eifersucht - ein Problem?

Wer Ausschließlichkeit einer Beziehung anstrebt, will damit ihre Besonderheit hervorheben und verstärken, sie nicht durch Nebenbeziehungen schmälern lassen oder ihren Verlust riskieren. Das geht so lange gut, wie sich beide Partner gegenseitig ausfüllen. Auf Dauer werden sie jedoch über ihre Beziehung hinauswachsen.

Selbst von Anfang an ist totale Ausgefülltheit unwahrscheinlich und ihr Erstreben fragwürdig. Die Intensität der Liebe steigt mit ihrer Tiefe, ja. Und mit naturgemäß begrenzter Liebesfähigkeit kann man zwei Partner nicht jeweils so sehr lieben wie einen einzigen *Idealpartner.* Insofern tendieren tief empfindende Wesen zum Vorrang einer einzigen Beziehung. Doch weder Tiefe noch Vorrang benötigen Ausschließlichkeit.

Bin ich zu tiefer Liebe fähig, haben auch oberflächliche Nebenbeziehungen in mir Platz. Das heißt, mit der Gefühlstiefe kann auch die Gefühlsbreite wachsen, ohne die tiefere Beziehung zu gefährden. Nebenbeziehungen - welcher Art auch immer - können die Hauptbeziehung vielmehr *bereichern*, indem sie zu ihrer Weiterentwicklung beitragen. Sie bleiben dann unterschwellig *auf sie bezogen.*

Das gilt auch für Nebenbeziehungen des Partners: Sie können entweder in die eigene Beziehung aufgenommen werden - man liebt die Anderen ein bisschen mit, *weil der Partner sie liebt.* Oder man betrachtet sie neutral, *weil sie die eigene Person nicht betreffen.* In beiden Fällen wird die Beziehungshierarchie gewahrt.

Die Sensibilität des Themas erwächst jenseits gewisser Instinkte auch daraus, dass "Beziehung" schnell mit Sex gleichgesetzt wird *und* Sex für viele der ultimative Gipfel einer *Gefühlsbeziehung* ist (wofür es gute Gründe gibt). Wenn dem so ist, wird eine "Nebenbeziehung" natürlich nicht toleriert, da sie eben gerade *nicht* "neben" ist. (Sieht das jede Seite anders, lesen Sie bitte <u>Schweigen oder den Partner belügen?</u>)

Probleme werden zudem wahrscheinlich, wenn die Bedeutung der Hauptbeziehung abnimmt. Gleichwichtige (und dabei nicht verlogene) Beziehungen konkurrieren fast automatisch miteinander: Jeder Partner muss fortwährend um den anderen werben und derjenige in der Mitte seine Liebe ständig jeder Seite beweisen. "Treueverträge" sind hier sinnvoll, um nicht immer wieder neu "verhandeln" zu müssen. (Und gemeinsame Kinder sind ein sehr guter Extra-Grund.)

Eifersucht ist jedoch nur ein unglückliches Wort für Verlustangst und Verlustschmerz, denn es beinhaltet die unsinnige Projektion der Ursachen auf den Rivalen. Wenn der Partner beim Anderen ist, ist er vielleicht vorübergehend verloren, mit seinen Gefühlen nicht bei Ihnen. Doch niemand ist für das, was er tut, im gleichen Maß verantwortlich wie er selbst. Hier mein Anti-Eifersuchtsprogramm:

1. Entdecken Sie Ihre Unabhängigkeit von einem Partner.

2. Begreifen Sie, dass Sie niemanden 100prozentig für sich beanspruchen können. Die Exklusivität der eigenen Beziehung beruht auf ihrer individuellen Besonderheit.

3. Achten Sie Ihre Gefühle, aber machen Sie nicht dicht, sondern *öffnen* Sie sich vorsichtig und fördern Sie die eigene Beziehung, so dass die anderen in den Hintergrund treten.

4. Die tieferen Gefühle des Partners oder seine Angst vor ihnen entscheiden. Berücksichtigen und respektieren Sie beides.

5. Bleiben Sie sich des eigenen Wertes bewusst und machen Sie die flexiblen Grenzen deutlich.

Ihre berechtigten Erwartungen sind Verlässlichkeit und Tiefe der Beziehung, die nur schwer unter ihrer ständigen Bedrohung gedeihen.

Freiheit in der Partnerschaft

Diese Freiheit bedeutet konsequenterweise, die Freiheit des anderen niemals in Frage zu stellen. Er kann tun und lassen was er will und ich auch. Wenn mein Tun für ihn schmerzlich ist, kann er entscheiden, wie er damit umgeht - und ich bin mir dieser Möglichkeiten (einschließlich einer Trennung) bewusst, *bevor* ich meine Entscheidung treffe.

Ich bin mir sogar *unbekannter* Reaktionsmöglichkeiten bewusst und akzeptiere deren Risiko - oder eben nicht. Ich kann die möglichen Schmerzen des anderen in meinen Entscheidungsprozess *einbeziehen* und dennoch frei entscheiden, denn ich bin zuallererst meiner Freiheit verantwortlich. *Erst dann* kann ich diese Freiheit auch freiwillig einschränken. (Die Tatsache frei entscheiden zu können, geht jeder abzuwägenden Alternative vor.)

Freiheit jedoch setzt Transparenz (Bewusstheit) voraus. Ist der andere nicht offen, beschneidet er meinen Entscheidungsspielraum. Sobald mir diese Beschränkung bewusst wird, treffe ich eine Entscheidung, wie ich damit umgehe (ebenfalls bis hin zur Trennung). Genauso schränkt es meine Freiheit ein, wenn ich die Motive des anderen *nicht verstehe*. Bei allen wichtigen Unstimmigkeiten ist deshalb das gemeinsame Erforschen der Ursachen unerlässlich. Dies vorausgesetzt, mag es dann auch eine echte "Vertragsfreiheit" geben.

Nebenbei haben wir rationale Entsprechungen zu einigen seelischen Bestandteilen von Liebe oder Zuneigung gefunden:

Seelisch	Rational
Resonanz	Verstehen
Achtung	Freiheit
Vertrauen	Offenheit

Doch kann das Seelische dem Rationalen widersprechen? Machen uns zum Beispiel gefühlte Resonanzen unfrei?

Wenn Sie über eine gewisse Lebenserfahrung verfügen, wissen Sie, dass wir durchaus imstande sind, Gefühle bewusst zu steuern. Unser Geist ist der unabhängigste Aspekt der Persönlichkeit wie wir sie kennen. So können wir eine empfundene Resonanz sich einfach zur Emotion verstärken lassen oder sie vorher *verstehen*. Haben wir sie jedoch verstanden, können wir bewusst auf sie zurückwirken und ihren emotionalen Ausdruck formen, *ohne etwas zu unterdrücken*.

Auch ausgebrochene und wenig verstandene Gefühlsstürme mögen wir noch regeln, indem wir:

1. darüber klar werden, dass diese Emotionen nicht unbedingt mit ihrem Auslöser zusammenhängen, sondern ein eigener energetischer Vorgang sind,

2. die Energie der Emotionen abatmen, loslassen, uns von ihr trennen,

3. nun die Gründe/Anlässe für die (jetzt weniger intensive) Reaktion untersuchen und neu verstehen,

4. den eigenen Schwerpunkt, das innere Selbst, wiederfinden,

5. unbegründete Emotionen - falls noch vorhanden - nicht weiter beachten.

Führen wir jemanden *in Versuchung*, indem wir seine Resonanzen bewusst ausnutzen, übernehmen wir ungebeten eine größere Verantwortung für ihn (obschon es immer noch Mitverantwortung ist). Wenn wir dabei einigermaßen fair bleiben wollen, müssen wir ihm ein ausreichendes Maß an Entscheidungsmacht lassen, das heißt *unsere eigene* Versuchung bewusst einschränken. Doch wahre Freiheit beginnt, wenn wir etwas Ersehntes sogar ablehnen können ohne daran zu leiden.

Bedingungslose Liebe?

Erstaunlicherweise bedarf das Gefühl der Liebe nicht zwangsläufig eines Gegenübers, nicht einmal eines vorgestellten. Es kann einfach ein Seinszustand sein, etwas, in dem wir uns bewegen, das uns harmonisch von innen nach außen verweist und alles umfasst. Ohne Bedingungen.

Doch dieses Gefühl auf jemanden zu beziehen und *unabhängig von dem was er ist* aufrechtzuerhalten, hieße oft, an ihm vorbeizulieben. Denn sobald wir mit ihm "in Resonanz treten", wird unsere Liebe zu einer *bestimmten* Liebe. Bedingungslos kann sie bleiben, bezogen auf das, was der andere im tiefsten Innern ist, da wo alles ineinander übergeht. Doch nach außen ist er meist etwas anderes, und die Liebe muss ihm dorthin folgen - oder weitgehend ausbleiben. Das höchste Bewusstsein mag zwar überallhin folgen können, doch ich kann es nicht, Sie wohl auch nicht und sicher auch der hellste "Erleuchtete" nicht. (Er kann sich nur an das Innerste von jedem wenden.) So wird sich auch die Intensität unserer Liebe ändern, je nachdem wie weit der andere ihre "Bedingungen" erfüllt.

Zwei davon liegen der Liebe selbst zugrunde und sind ein Teil von ihr: Achtung und Vertrauen. Jemanden zu lieben und ihn nicht achten oder ihm nicht vertrauen zu können, zerrt an der Einheit unserer Wahrnehmung und bedroht die Unversehrtheit unseres Selbst. Es entfremdet zudem das gespürte Potential von der erlebten Realität, die beide getrennt zu lieben und abzulehnen auf Dauer unmöglich ist. Haben wir unsere Wahrnehmung hinterfragt und können sie aus gutem Grund nicht ändern, lehnen wir diese Gesamtbilanz besser vollständig ab. Der Verzicht ist kaum größer als der, den eine bedingungslos diffuse Liebe von vornherein enthält, und sein Schmerz zeugt von unserem Mut, mehr als sie riskiert zu haben.

Was hat Liebe mit Kreativität zu tun?

(Dieses Kapitel setzt die Lektüre des Theorie-Abschnitts mit den dunkel unterlegten Seitenzahlen voraus.)

Wenn Liebe tief und weit die (Wieder-) Vereinigung mit dem eigenen Potential ist, dann ist Kreativität dessen Verwirklichung. Wenn Kreativität dem Drang folgt, sich selbst zu verwirklichen, sich auf neue Weise zu spiegeln, zu erweitern und zu harmonisieren, dann ist Liebe der emotionale Ausdruck des zugrundeliegenden Sinns.

Woher kommt dieser Sinn des Kreativitätsdrangs?

Wechselwirkung (Austausch) mit geistig-seelisch harmonierenden Lebewesen, Bewusstseinsfokussen und Konzepten schafft ein besonderes Gewahrsein. Es zeichnet sich durch eine höhere Schwingungsrate (Wechselfrequenz) und größere Beteiligung wesensnahen Bewusstseins aus: Der/Die/Das Geliebte geht uns nicht mehr aus dem Kopf und ist auf feine oder intensive Weise wichtig.

Die Untrennbarkeit dieser Liebe von allem, was wir tun, zeigt nicht nur unsere i-strukturierte Verflechtung mit größerem Bewusstsein. Indem sich diese Liebe auch auf Gewahrtes erstreckt, strebt ihre freigesetzte Energie die *Ausbreitung auf bislang Unterbewusstes* an. Das heißt, Liebe mündet direkt in Kreativität, bringt mit Freude neue Bewusstseinsfokusse hervor, in denen sie Ihre Qualität vervielfältigt. Die bedeutenderen von ihnen werden stabilisiert wie unauslöschliche Erinnerungen: ein Heim, ein Kind, ein Kunstwerk, ein Forschungsergebnis.

Trifft Liebe auf ein passendes Objekt, verstärkt sie sich. Andererseits zieht sie solche Objekte an. Doch Kreativität und Liebe bestehen wesentlich im Hervorbringen und Fühlen, weniger im Haben. Und was sie miteinander *für andere* erschaffen, haben sie *nicht*. Letztlich ist es eine werterfüllende Ent-Wicklung des Gewahrseins: Das scheinbar Endliche strebt nach dem, was es *wirklich* ist: dem Unendlichen.

Enttäuschungsschmerz vermeiden

Schmerz und Lust, beide bilden eine Sackgasse. Während uns der Schmerz "ehrlich" wieder wegtreibt auf seinen Nullpunkt, ist die Lust ein Ziel, das uns "verrät", das schwindet, nachdem wir es erreicht haben. Lust kann deshalb nicht alleiniger Zweck sein.

Letztlich "verrät" uns sogar der Schmerz, nämlich dann, wenn wir am Nullpunkt stehen bleiben: Er kommt erneut als Langeweile und treibt uns weiter, *auf den Weg* zur Lust. Sind wir inzwischen weise geworden, genügt sie uns jetzt in Maßen und kann immerhin dauern, solange wir sie in Bewegung halten.

Warum aber freut uns ein Gewinn weniger als uns sein anschlie-ßender Verlust schmerzt? Müsste eins das andere nicht aufwiegen, so dass es sich lohnt, einen sicheren Gewinn anzustreben, sofern nur die geringste Chance besteht, ihn zu behalten?

Ein Unterschied liegt im Ausgangspunkt: Wenn wir uns entschei-den, entweder auf ein Ziel zu verzichten oder es anzugehen, ent-scheiden wir über eine *potentielle* Wirklichkeit. Später, wenn wir sie realisiert haben, geht es jedoch um eine *aktuelle* Wirklichkeit, eine, die für uns *intensiver* existiert. Deren Verlust wäre also schmerzhafter als der Verzicht *im Voraus*.

Doch gerade angekommen im Glück sollten sich Freude und mögli-cher Verlustschmerz die Waage halten, nicht?

Nicht ganz, denn eins fehlt noch in der Bilanz: Der *Aufwand* mit dem wir unser Glück erlangt haben. Er wäre bei einem Verlust auch umsonst gewesen. Es sei denn, uns hat schon der *Weg an sich* Freu-de gemacht.

Darüber hinaus lässt uns Erfolg zuversichtlich in die *Zukunft* sehen. Verlust aber lässt uns den Blick senken - selbst wenn wir aus ihm ei-gentlich keine Zukunft ableiten können.

Ableiten können wir hier jedoch ein Erfolgsrezept:

1. Wenn wir ein erstrebtes Gut nur um den Preis seines anschließenden Verlustes erlangen können (und dies wissen), verzichten wir von vornherein darauf.

2. Wir streben ein Ziel nur an, wenn uns der Weg zu ihm als solcher Freude macht.

3. Jeden Misserfolg untersuchen wir daraufhin, ob er tatsächlich in die Zukunft verlängert werden kann, und ziehen entweder eine nützliche Lehre oder ignorieren ihn.

Zu 1 und 2: Nur bei *ausreichender Wahrscheinlichkeit* den Erfolg *genügend lange* genießen zu können, weichen wir von diesen Punkten ab.

Zu 3: Nur wenn unsere *emotionalen Reserven* ausreichen, stehen wir nach einem Misserfolg wieder auf. Andernfalls erholen wir uns erst.

Es ist keineswegs immer sinnvoll "gleich wieder aufzustehen", da oft seelische Wunden und innere Warnungen zurückbleiben. Die seelische Arbeit kann die des Verstandes um ein Vielfaches übersteigen, besonders nach dramatischen Verlusten. Mit der Vernunft kann ich analysieren, ordnen, begreifen und damit der Seele helfen. Doch psychische Energien werde ich so nicht los, seelische Konflikte nur zum Teil und unwillkürliche Anhaftungen kaum. Aus den Konflikten und Bindungen aber kommt die hemmende Energie.

Was also tun wir in einem solchen Fall? Wir beziehen *alles* ein, was zum Drama gehört: Szenen. Gefühle, Glaubensannahmen. Der Verstand dirigiert, die Seele orchestriert. Der Zusammenhang weitet sich, die Psyche ordnet sich. Die Warnungen bleiben. Und wenn das Konzert vorbei ist, finden wir vielleicht sogar einen Grund *diesen* Weg zu schätzen.

Was nützt ein misslungener Versuch?

1. Er ist ein verwirklichtes Selbstbekenntnis.

2. Er setzt ein Zeichen für andere.

3. Er beinhaltet eine Lehre.

Dies alles sind Aspekte unserer Werterfüllung, eben das, was mit dem Versuch erreicht werden sollte. Und wo ist hier eigentlich der Unterschied zum *gelungenen* Versuch?

Beide kommen nur so und so weit, bis die Erfahrung abgeschlossen beziehungsweise an ihre "Grenzen" gestoßen ist. Danach geht es anders weiter.

Der Unterschied besteht nur in der Wahrnehmung: entweder eines Zieles oder einer Vision. Eine Vision muss nicht unbedingt "erreicht" werden - sie genügt als Orientierung. Daher können wir uns auf den *Weg dorthin* konzentrieren und es gibt keine misslungenen Versuche.

Gelingt ein Versuch, haben wir uns der Vision zwar mehr *genähert* als sonst. Das ist befriedigender, da auch bloße Orientierung eine Spannung (ein Potential) aufbaut. Je kürzer aber die angepeilten Wegabschnitte sind, desto geringer ist die Spannung, und das Wohlgefühl, auf dem richtigen Weg zu sein, wird fortwährend.

Natürlich gehört auch Spannung zum Leben. Nur sollten wir deren Lösung oder Nichtlösung spielerisch, sportlich auffassen. Wir nähern uns immer irgendeinem Ziel, *unserem* Ziel, mögen wir es klar erfasst haben oder nicht, mögen wir seiner Änderung folgen oder nicht. Bei genauerem Hinsehen ist es gerade diese Zielunschärfe oder -beweglichkeit, die uns erlaubt an einer *Vision* festzuhalten, ungeachtet scheinbarer Niederlagen.

Und auch diese Vision gibt es nur hier und jetzt.

Vom Wert enttäuschender Erfahrungen

Stellen Sie sich vor, Sie könnten eine enttäuschende Erfahrung zum zweiten Mal machen, doch diesmal mit glücklichem Verlauf. Hat das noch so hohen Wert für Sie wie am Anfang? Wäre es noch so sinnvoll?

Ich finde nicht. Der zweite Aufguss schmeckt nicht wie der erste, auch wenn die Zutaten jetzt stimmen. Es kam offenbar auf die Erfahrung als solche an, unabhängig von Lust oder Frust. Das sind eher Zugaben. Die Erfahrung selbst mit all ihren Wirkungen ist es, die unser Leben bereichert, nicht so sehr das Glücksgefühl.

Dementsprechend kann es gar nicht so wichtig sein, ob wir unser Ziel erreichen. Vielmehr ist seine *Vision* Teil der Erfahrung. Angenehmes zu *suchen* ist Teil des Spiels, es zu bekommen nicht unbedingt. Doch wessen Spiel ist es?

Oder anders gefragt: Wer giert eigentlich nach Befriedigung? Das Ego, nicht wahr? Es braucht einen Köder. Etwas, dass es *haben* kann. Dann kann es sich draufsetzen und in die Brust werfen. *Ich bin* jetzt das!

Währenddessen war etwas Tieferes mit den wichtigen Dingen des Lebens beschäftigt: das innere Selbst. Für dieses Selbst war auch die Vision nicht mehr als ein Anker, einer der Bezugspunkte seiner Erfahrung. Weitere sind die eigenen Werte, denen es folgt. Welche das sind, können Sie herausfinden, indem Sie hineinspüren, was jene unglückliche Erfahrung so gehaltvoll macht, dass ihre glückliche Wiederholung weniger bedeutet. Was bindet Sie an jene Erfahrung? Welchen seelischen Nutzen haben Sie trotz Enttäuschung? Wenn Sie sich mit dieser *Werterfüllung* identifizieren, haben Sie deren höhere Harmonie auch schon verinnerlicht.

Desillusionierung der Ideale

Ideale, die wir schon früh hegen, etwa eine glückliche Beziehung, ein erfüllender Beruf oder eine faire Gesellschaft, sehen wir gern in der Zukunft, da wo wir sie *verwirklicht* haben wollen. Doch wenn wir älter werden, verlagern sie sich irgendwie. In der Zukunft sind sie meist nur noch winzig. Falls wir "es" nicht geschafft haben, sind wir desillusioniert. Was ist aus unseren Idealen geworden?

Nun, wenn Sie noch da sind, sind sie jetzt dort, wo sie hingehören: in der Gegenwart. Sie haben sich nur zurückgezogen, ins Innere. Von dort aus wirken sie nach wie vor. Wir fühlen, was wir *eigentlich* wollen, und bilden so ein Hintergrundfeld, ein Leitmuster, von dem wir nur nicht wissen, wie wir es besser ausfüllen können. So schimpfen wir auf Partner, Job und Staat.

Allerdings, auch ein erfüllter *Zustand* widerspräche sich! Als Vollendung eines Fortschritts bereichert er das Leben, doch ist die Vollendung auf ihren *Weg* bezogen. Auf ihn blicken wir zurück und fühlen die Befriedigung, die Lösung, das Glück. Gehen wir nicht weiter, wird es fad.

Was bleibt, ist Herausforderung, nämlich diejenige unserer *Fähigkeiten*, unseres *Potentials*. Wie unvollkommen wir unsere Ideale auch leben, entdecken wir so doch mehr von uns selbst und werden auf diese Weise reicher. Suchen wir nach Harmonie, werden wir mehr von ihr in uns finden. Drangsalieren wir unsere Mitmenschen, finden wir uns auch, nur weniger und langsamer. Das Ideal ist in der Tiefe des Bewusstseins, das, was alle Menschen noch in dunkelsten Momenten scheinen lässt. Je größer die Herausforderung, desto mehr von einem Ideal müssen wir selbst verwirklichen. Je größer aber der Erfolg, desto mehr mögen wir von uns selbst erwarten.

Optimismus tiefenrealistisch

Ein Leben, das über bloßes Dasein hinausgeht, kann sich Neutralität allein nicht leisten. Denn einem wirklich Neutralen wäre alles gleichgültig. Er müsste taumeln oder erstarren.

Doch der Optimist weiß weiter. Er ist *realistisch*, wenn er negative Erfahrungen als Warnschilder stehen lässt, ohne sie sich unnötig auszumalen. Er wird lieber an die angenehmen denken und solche für die Zukunft anstreben und *hervorheben*. Sein Ziel ist eine angenehme *Realität*, keine Illusion. Dazu gehört die Verschiebung des Unangenehmen dahin, wo er sich seiner nur noch am Rande gewahr ist. Denn wenn die Konzentration auf das Negative nichts Wesentliches mehr zur Erkenntnis beiträgt, darf sich das Positive frei entfalten.

Aber wenn es nicht geht? Wenn sich das Schmerzhafte immer wieder nach vorn schiebt oder alles andere herunterzieht? *Dann* gibt es noch etwas aus ihm zu lernen.

Manchmal ist eine angenehme Erfahrung so eng mit einer unangenehmen verknüpft, dass ihre Trennung nicht gelingt. Ich schlage vor, auch hier das Angenehme hervorzuheben, aber die *Gesamterfahrung als solche* zurückzuweisen. Übrig bleiben positive Werte, Gefühle und Lernergebnisse. Der Rest versinkt weitgehend. In dieser Form nun kann das Gesamtpaket akzeptiert werden "wie es ist".

Stecken jedoch Traumata hinter dem Pessimismus, bleibt nichts anderes als sie aufzuarbeiten: Rollen wechseln, Alternativen durchspielen, über die wahre Bedeutung klar werden, konstruktive Schlussfolgerungen ziehen. Ein therapeutischer Prozess.

Was Sie wirklich wollen

Wie finden Sie das heraus? Zunächst indem Sie aufhören, bei jeder Idee gleich Konsequenzen und Hindernisse mitzudenken. Lassen Sie Ihrer Phantasie freien Lauf. Was würden Sie tun oder haben wollen, wenn alles ginge? Achten Sie auf Wünsche, die Sie sonst so schnell beiseiteschieben, dass sie kaum noch auffallen, und verstärken Sie diese bewusst. Welchen Impulsen würden Sie folgen, wenn Sie alle Möglichkeiten hätten? Schreiben Sie alles auf.

Es gibt noch immer keine Konsequenzen und Hindernisse. Bringen Sie alle Ideen in eine Reihenfolge von der *emotional wichtigsten* an. Nehmen Sie nun die oberste und fühlen Sie, wie es ist, sie verwirklicht zu haben. Ist es wirklich richtig? Falls nicht, variieren Sie. Was ist das Wesentliche an dieser Idee? In welcher Form kann es sich noch realisieren? Schreiben Sie es auf.

Erst wenn Sie eine recht klare Vorstellung von Ihrem Wunsch haben, bringen Sie konkrete Umstände ins Spiel. Was würde es wirklich bedeuten, dort zu sein, wo Sie hinwollen? Spekulieren Sie dabei nicht viel, sondern informieren Sie sich, machen Sie sich ein realistisches Bild. Sagt es Ihnen doch nicht zu, variieren Sie weiter oder nehmen Sie die nächste Idee auf der Liste.

Sind Sie nun sicher, was Sie wollen, fragen Sie nach dem, was dafür nötig ist: Fähigkeiten, Finanzen, familiäre Umstände und so weiter. Ohne Bedenken.

Anschließend überlegen Sie, wie alles zueinander passt. Fehlen Voraussetzungen oder widersprechen sich einige, geben Sie ihnen Prioritäten und *hinterfragen* die heiklen: Wie können Sie sich Fähigkeiten noch aneignen? Wie viel Geld brauchen Sie wirklich und wozu? Wäre eine familiäre Veränderung tatsächlich so erschreckend, wie die vermutete erste Reaktion auf Ihre Vorschläge? Klarheit über die *persönliche Bedeutung* der Voraussetzungen ist ebenso wichtig wie das konsequente Träumen zuvor.

Haben Sie eine emotional-verständige Vorstellung von Ihrer Zukunft geschaffen, die Sie fast greifen können, dann gehen Sie den Weg dorthin ein Stück und schauen Sie, ob sich die Umstände fügen. Kommt eins zum anderen, sind Sie auf dem richtigen Weg.

Dabei sollte *jeder Schritt* Freude machen, Sie innerlich voranbringen. Selbst wenn es die Lösung von Problemen ist. So haben Sie wenig zu bereuen, falls Sie ihr Ziel letztlich verfehlen. Andererseits werden Sie es auf diese Weise wahrscheinlicher erreichen. Sie sind nicht fixiert auf einen bestimmten Weg, bleiben stattdessen offer für neue Einsichten. Sogar ein nicht ganz klares Ziel erschließt sich auf diese Weise Stück für Stück.

Vergessen Sie nicht, dass der richtige Weg so nahe liegen kann, dass Sie ihn bisher immer übersehen haben. Vielleicht *sind* Sie auch bereits auf ihm und brauchen nur ein neues Verständnis?

Die Energie, Wünsche zu verwirklichen, steigt deutlich, wenn die Möglichkeiten dafür sichtbar sind. Insofern ist es praktisch, vom Vorhandenen auszugehen und Ziele nicht sehr weit zu stecken. Zielfindung und Realisierung können Hand in Hand arbeiten.

Doch eine weitere Möglichkeit bleibt auch noch: Den Weg "in höhere Hände legen", um Führung und Inspiration bitten (wen auch immer). Wir übermitteln unser Bild der Situation sowie unsere Frage und stehen einfach nicht mehr im Weg...

Glaubenssatzarbeit

Das, was wir glauben, ist nicht nur in unseren Gedanken. Wir fühlen es auch, und sehr oft liegt ihm diese Gefühlshaltung zugrunde. Glaube ist ein Komplex von aufeinander rückwirkenden Wahrnehmungen, bestehend aus sinnlichen Eindrücken, emotionalen Wertungen und sachlichen Überlegungen. Er drückt sich sowohl in unseren Träumen aus, als auch im Erleben unserer Wachrealität. Wenn wir diese Realität ändern wollen, müssen wir also zunächst unsere Glaubensvorstellungen von ihr ändern.

Da unsere Gedanken am freiesten sind, schlage ich vor, mit ihnen zu beginnen. Formulieren Sie eine Ihr Problem betreffende Vorstellung oder Annahme, von der Sie fest überzeugt sind, in einem Satz. Untersuchen Sie nun diesen Glaubenssatz:

1. Wie ist mein Glaube begründet?

2. Welche Auffassungsmöglichkeiten gibt es noch?

3. In welchem Gesamtzusammenhang steht mein Glaube?

4. Was wäre, wenn ich einen anderen Glauben hätte?

   Mögliche Widerstände dagegen können mit derselben Frageliste relativiert werden.

5. Lässt sich ein solcher Glaube besser beziehungsweise tiefer begründen?

Wenn Sie schließlich Frage 5 mit Ja beantworten können, fällt es Ihnen sicher nicht mehr schwer, die neue, besser begründete Vorstellung anzunehmen.

Können Sie die mit Ihrer Situation verknüpfte Glaubens- und Gefühlshaltung nicht ausreichend bestimmen, versuchen Sie vielleicht einmal das Traumdenken.

Traumdenken

Neben der Glaubenssatzarbeit ist das Traumdenken im Wachzustand eines der wirkungsvollsten Mittel, mit denen Sie sich die eigene Verantwortung für Ihr Leben bewusst machen können. Nehmen Sie dazu an, dass Sie gerade träumen, und deuten Sie so eine Szene oder einen ganzen Lebensabschnitt:

1. Was bedeutet das Geschehen für mich persönlich?

2. Wie nützt es mir seelisch?

   Auch unangenehme Situationen können einen unterschwelligen Nutzen haben, der Sie bindet.

3. Worin ähneln sich die Ereignisse?

4. Welche Art von Ereignissen häuft sich gerade?

5. Wie stehen sie in Verbindung zu meiner Gefühlshaltung *vor* dem jeweiligen Ereignis (und im Allgemeinen)?

Haben Sie den Bezug zu ihrer Gefühlshaltung herausgefunden, können Sie versuchen, diese in einem Glaubenssatz zu formulieren und bei Bedarf durch <u>Glaubenssatzarbeit</u> zu ändern. Manchmal genügt allerdings schon die bloße Erkenntnis ihres symbolischen Lebensausdrucks, um einen Gefühlskonflikt zu lösen und nun harmonisch zu handeln.

Die nervende Pedanterie eines Vorgesetzten zum Beispiel kann auf eine ohnehin empfundene Sinnlosigkeit Ihrer Arbeitssituation hinweisen. Sie ist dann nur die symbolische Zuspitzung, die Sie auf eine notwendige Gesamtveränderung hinweist. Oder: In einem über Jahre zunehmend unberechenbaren Arbeitsumfeld kann ein verdrängtes seelisches Chaos zum Ausdruck kommen, obwohl Sie auch hier nicht äußerlich dazu beitragen. Wenn Sie nur den Arbeitgeber wechseln, muss daher weder bei Ihnen noch bei ihm Ruhe einziehen. Es war und ist ein Drama aller Beteiligten, die sich aus verwandten Motiven zusammenfinden.

Selbstverantwortung und Selbstbefreiung

Ihre Weltsicht mit allem Drum und Dran haben nur Sie allein, denn es ist das, was Sie als Individuum ausmacht. Jeder *andere* sieht die Dinge anders, *ziemlich* anders, wenn man ihn genau fragt, auch wenn Sie sich in manchen Punkten mit ihm *treffen*. Entsprechend individuell sind auch Ihre Beweggründe für alles, was Sie sich wünschen und was Sie tun. Zwar versuchen wir Gemeinsamkeiten zu finden und herauszustellen, um uns geborgen zu fühlen oder der gegenseitigen Hilfe zu versichern, doch im Grunde wissen wir, wie wenig wir wirklich teilen. *Genaugenommen* gar nichts. Oder wenn wir "teilen" wörtlich nehmen, im Sinn von "zerteilen", dann teilen wir *alles* - nämlich in individuelle Perspektiven, einzigartige Daseinsweisen, ureigene Gefühlsnoten.

Wer ist dann die erste Instanz zu deren Veränderung? Natürlich jeder selbst.

Doch wie können wir eine Individualität steuern, mit der wir uns so sehr identifizieren, dass wir mit ihr einschlafen und mit ihr aufwachen? Ist da, wo sie "herkommt", Bewusstsein? Ich meine, ja. Allerdings, auch wenn wir zum Beispiel unsere Träume erforschen, wird uns das meiste von diesem Bewusstsein unterbewusst bleiben - schon weil es zu groß ist.

Wir können jedoch das Bewusstsein nehmen, das wir kennen, und mit ihm unsere *Schnittstelle* zu allem Tieferen hinterfragen. Dazu müssen wir unsere Perspektive vorübergehend *wechseln:* in den Standpunkt eines Beobachters der eigenen Einstellung. Wir wechseln die Perspektive ja ohnehin dauernd, mit jedem Gedanken und jeder Gefühlsregung ein bisschen, während diejenige Weltsicht, mit der wir uns identifizieren, eigentlich eine *Ganzheit dieser Veränderungen* ist. Nun nehmen wir einen kleinen Teil dieser Ganzheit und schieben ihn "seitlich nach oben", so dass wir von da "herunterblicken" können auf das, was unser größeres Ich fühlt, denkt und tut. Aus diesem Blickwinkel können wir jetzt auch gegen die eine oder andere Gewohnheitsentscheidung unseres Ichs Veto einlegen und es einen besseren Weg einschlagen lassen.

Der Beobachter ist natürlich nicht völlig unabhängig vom Ich. Das ist nicht nötig, um die Vielfalt der Perspektiven deutlich zu erhöhen. Wir werden spüren, wenn Gefühle erst nach gedanklichen Urteilen entstehen und, wenn wir aufmerksam sind, woher diese Urteile kommen: aus früheren Erfahrungen, verfestigten Realitätsannahmen (Glaubenssätzen) und halb verborgenen Idealen. Wir benutzen unser Bewusstsein, um seine (Wahl-) Freiheit zu steigern und können uns dadurch auch zunehmend selbst befreien.

Hier ist meine Kurzanleitung dafür. Die Punkte 1 bis 3 sind auch "live" im täglichen Leben brauchbar, um sich diesmal bewusster zu entscheiden. Voraussetzungen für das nachhaltige Gesamtprogramm sind jedoch regelmäßiges ungestörtes Alleinsein, die Bereitschaft, größere Verantwortung für sich zu übernehmen und der hartnäckige Wille, die eigenen Probleme zu lösen, statt immer wieder in Ablenkungen zu flüchten.

1. Beobachterperspektive einnehmen.

2. Unangenehmen Gefühlen situationsbezogen nachspüren und sie zulassen.

3. Glaubenssätze beziehungsweise Glaubensvorstellungen als deren Ursache ermitteln.

4. Ursache der Glaubenssätze, zum Beispiel verdrängte Traumata, ermitteln.

5. Alte Gefühle rauslassen, Traumata durcharbeiten, neu bewerten, integrieren.

6. Neuen Gefühlen Raum geben, Glaubenssätze ändern.

7. Aus dem befreiten inneren Selbst heraus leben.

Der Königsweg

Da wir meist zu wenig wissen, um das Ergebnis unseres nächsten Schritts sicher vorherzusehen: Was können wir tun, um im *jeweils gegenwärtigen* Moment alles richtig zu machen?

Das einzige was wir dazu brauchen ist Harmonie mit uns selbst. Wenn wir aus ihr heraus agieren, können wir nichts falsch machen, da dann unser Tun den natürlichsten nächsten *Entwicklungs*schritt bedeutet. Wenn wir spüren, dass es richtig ist, ein Vorhaben anzugehen, weil wir es aus unserem tiefsten Innern heraus wollen und für am sinnvollsten halten, dann sollten wir an seinen Erfolg glauben, dafür tun was wir können, Widerstände heraushalten, keine groben handwerklichen Fehler machen - und im Übrigen der Weisheit einer höheren Intelligenz vertrauen. In der unzugänglichen *Tiefe* der Zusammenhänge bedarf unser Erfolg der Zustimmung. Und wenn dort anders entschieden wird, haben wir nichts wirklich verloren.

Mit anderen Worten: Wenn ich weiß, dass ich nicht im Weg gestanden und mein Möglichstes getan habe, kann ich auch einen "Misserfolg" als sinnhaft akzeptieren. Nur wenn ich nicht die größte Harmonie mit mir *gesucht* habe, verpasse ich wahrscheinlich eine bessere Chance.

Der vitale Imperativ lautet also: Suche dich selbst!

Dabei kann jeder Experte seiner Seele werden. Voraussetzung ist zunächst nur *Interesse* beziehungsweise der Entschluss, in Richtung der eigenen Psyche zu denken. Alles Weitere - auch äußere Hilfe - wird sich daraus ergeben.

Zielorientierung

Es ist schön ein Ziel zu haben. Wir können von ihm träumen, uns an ihm ausrichten und zu ihm entwickeln. Zeigen sich Probleme, haben wir zusätzlich Gelegenheit, an deren Lösung zu wachsen.

Zielorientierung geht allerdings über Lösungsorientierung hinaus. Sie bedeutet, dass wir, selbst wenn Probleme unlösbar erscheinen, an einem als richtig erkannten Ziel festhalten. Kleine Hindernisse beseitigen wir nicht, sondern steuern an ihnen vorbei oder mittendurch. Und hinsichtlich der großer *vertrauen* wir darauf, dass sich eine Lösung oder Umgehung finden wird. Wir können gesunderweise nicht 100prozentig sicher sein, doch wir kontrollieren die Zieleinstellung, nicht die Gegensätze.

Besonders intuitive Gewissheiten werden vom Verstand gern angezweifelt, da er schlecht mit ihnen umgehen kann. Wenn zum Beispiel die innere Stimme sagt "So wird es geschehen", dann sagt der Verstand "So kann es geschehen". Wenn das Selbst sagt "Je mehr ich an den Erfolg glaube, desto wahrscheinlicher wird er eintreten", dann sagt der Verstand "Glauben ist alles, was du tun kannst". Der gemeinsame Nenner liegt darin, dass wir das Beste für unseren Erfolg tun, an den Erfolg glauben, Alternativen beiseite schieben - und notfalls warten. Der gemeinsame Hintergrund ist, dass alle Beteiligten über freien Willen verfügen, der zu respektieren ist.

Wenn unser Ziel einem tiefen Impuls entspricht, müssen wir auch nicht ständig ein Gewahrsein seines tiefen und umfassenden Sinns aufrechterhalten. Denn oberflächliche Ängste widersprechen dem leicht. Effektiver ist es, das Gewünschte nun auch oberflächlich als sicher anzuerkennen und so die Ängste auf derselben Ebene hinwegzufegen.

Warum bitten?

Wenn wir nicht ewig den gleichen Fehler machen wollen zu glauben, wir hätten schon alles Wesentliche erkannt ("Krankheiten sind Flüche", "Atome sind unteilbar", "Nichts Schwereres als Luft kann fliegen", "Die Schallmauer ist undurchdringlich" und so weiter), müssen wir davon ausgehen, dass uns mehr beeinflusst als wir merken, und wir mehr bewirken können als wir wissen.

Möchten wir etwas erreichen, dann richten wir unsere Aufmerksamkeit auf das Ziel und unser Tun dafür. Wenn es aber ein unbestimmtes Mehr gibt, das uns mit dem Ziel verbindet, ist es sinnvoll, mehr Erfüllung für *möglich* zu halten, als wir durch unser Tun erwarten. In flexiblen Situationen können wir damit rechnen, dass jenes Mehr *auf unbekannte Weise* mit einem bekannten Ereignis reagiert. Ein Zusammenhang mit unserer Absicht fiele uns nicht auf, da wir nicht danach suchen. Wir würden stattdessen Zufall wahrnehmen oder vertraute Hypothesen über Ursache und Wirkung anwenden, deren Überprüfung sich in diesem Fall anscheinend erübrigt. So wie wir es zu allen Zeiten meist taten.

Die Annahme eines wie auch immer gearteten Göttlichen hinter allem war dabei noch die intelligenteste. Warum? Weil Göttliches für Einheit und *geordneten* Zusammenhang mit der bekannten Welt stand. Und weil sogar der Frühmensch begriff, dass es sich letztlich um etwas handeln musste, dass ihn selbst in *jeder* Hinsicht übersteigt, auch an Intelligenz.

Wenn uns aber das, was zum Gelingen oder Nichtgelingen unseres Vorhabens beiträgt, an Intelligenz übersteigt und darüber hinaus größeren Weitblick und Wirkungsumfang hat, dann ist es durchaus angemessen, ihm unsere Absicht *kundzutun*. Und es macht Sinn zu bitten und zu danken, also auf den emotionalen Teil der Botschaft nicht zu verzichten.

Aus dem Schlaraffenland

Eine Welt, in der uns jeder Wunsch augenblicklich erfüllt wird, wäre für uns offensichtlich nicht sinnvoll, sondern einfach beliebig. Wir müssten nicht einmal einer *bestimmten* Wunsch haben, denn wir könnten jeden anderen ebenso gut nehmen. Wir bräuchten unsere Wünsche auch nicht zu verstehen, ja es gäbe gar nichts zu verstehen. Das, was wir jetzt von uns wissen und was als Basis unserer Wünsche dienen könnte, stünde in keinem Zusammenhang mit einer umfassender gültigen Wirklichkeit. Wir könnten uns deshalb ebenso gut unsere Auflösung wünschen. Und warum sollten wir das *nicht* tun?

Entweder also strukturieren wir unsere Erfahrung so, dass wir sie nicht ohne Weiteres wechseln können, stellen uns damit also bestimmte Aufgaben (etwas zu erfahren, zu entwickeln, zu integrieren). Oder - was im Grunde das Gleiche ist - sie werden für uns von einem tieferen Selbst von einer umfassenderen Ebene aus strukturiert, und wir tun gut daran, diesem Selbst zu folgen.

Da wir mit der voll bewussten Gestaltung unserer Welt ganz sicher überfordert wären, geschieht im besten Fall beides: Wir sind uns der umfassenderen Bedeutung unseres Erlebens, das heißt seines Sinns, *gewahr*, so dass wir ihm nicht ausweichen *wollen*. Um dieses Optimum zu erreichen, versuchen wir unsere tieferen Motive zu erkennen und uns mit ihnen zu *harmonisieren*.

Manche als einschränkend empfundene Bedingungen sind also in Wahrheit *Erweiterungen* eines inneren Wesens, das in uns fest umrissene Erfahrungen sucht. Die Erfüllung inkompetenter Egowünsche stünde ihnen entgegen. Setzt sich das Ego durch, wird es daher keine echte Befriedigung finden. Bewusste Erfüllung bedarf der weisen Unterscheidung zwischen inneren und verinnerlichten Bedingungen. Dann können die letzteren umso effektiver verändert werden.

Realitätserschaffung 10 Prozent plus

Wie können wir eine absichtliche Realitätsveränderung mit minimalen Annahmen beschreiben?

1. Wir verändern unsere individuelle Realität.
2. Dies wirkt sich auf die Realität anderer Individuen aus.
3. Wir treffen auf Widerstände.
4. Wir finden Unterstützung.

All das ist nichts Neues für ein konventionelles, nicht-magisches Weltbild. Das Wort "Realitätserschaffung" suggeriert jedoch mehr: Wir erschaffen auch das, was gewöhnlich als unabhängig von uns angesehen wird.

Ein "magisches" Weltbild (im weitesten Sinn) schließt diese Kluft erstens, indem es den gewöhnlichen Realitätsbegriff "aufweicht": Realität ist alles was wir wahrnehmen und damit *nicht* unabhängig von uns. Zweitens, indem es auf dieser Basis annimmt, dass wir grundsätzlich *jede* Realität verändern können, auch wenn sie unserem Einfluss *nicht nachvollziehbar* zugänglich ist. Einige Philosophen gebrauchen für eine "weiche" Realität lieber den Begriff "Wirklichkeit", meinen also nur die Wirkung im Unterschied zu einer dahinter angeblich "harten" Realität. Denn eine nicht nachvollziehbare Beeinflussung der letzteren ließe ihnen wohl doch die Haare zu Berge stehen. Aber eigentlich ist alles halb so schlimm.

Autoren von "magischen" Praxisbüchern, die den Verstand ernst nehmen, wie Frederick E. Dodson ("Reality Creation für Fortgeschrittene") und Vadim Zeland ("Transsurfing 2"), kommen letztendlich zu der einfachen Empfehlung, wir mögen unsere Absichten beziehungsweise Seele und Verstand in Übereinstimmung bringen und loslegen. Wir können es auch urtümlich sagen: Folge deiner Absicht reinen Herzens!

Das ist alles. Dann sollten sich alle nötigen Türen öffnen und die guten Dinge auf herkömmlichen Wegen in unser Leben treten. Der unvorbereitete Zuschauer würde unsere handfesten Taten als einzig logische Ursache ansehen und den Rest für Zufall halten. Allenfalls unterstellte er, wir nähmen unsere ohnehin vorhandenen Gelegenheiten jetzt erst wahr. Kein Problem.

Auch Autoren, die den Verstand als hinderlich empfinden, bauen in ihre Empfehlungen den Zeitjoker ein: Das Beabsichtigte soll sich zum Wohle aller Beteiligten erst zum richtigen Zeitpunkt manifestieren. Wenn es mal wieder länger dauert, sei es also vielleicht in Ordnung. Oder wir müssten eben bei uns selbst nachbessern, unser Unterbewusstes mehr auf Linie bringen. Wieder lehnt sich der Skeptiker entspannt zurück und murmelt das Wort "Selbstimmunisierung".

Ist "magische" Realitätserschaffung deshalb "Mumpitz"? Tatsächlich unterscheiden sich ihre modernen Mittel kaum von dem, was man in normalen Coachings lernen kann: Ziele finden und visualisieren, hinderliche Glaubensvorstellungen hinterfragen und ändern, hemmende Gefühlskomplexe erkennen und umformen. Wenn danach alles klappt, müssen Sie noch nicht an Magie glauben, sondern können es wie der Skeptiker halten. Auch er kann freilich nicht alles erklären oder nachprüfen und müsste eigentlich 5 bis 10 Prozent "übernatürliche" Zusammenhänge für *möglich* halten.

Nur wenn Sie darauf achten, werden Sie unerklärliche Übereinstimmungen zwischen dem, was sie wollen, und dem, was sie bekommen, feststellen, deren Detailliertheit über jeden Zufallsverdacht erhaben ist. Was Sie bekommen wird Ihnen so leicht und natürlich zufallen, dass es Sie nicht einmal wundert - wenn Sie nicht den Vergleich zu Ihrer emotional-mentalen Ausgangsposition ziehen. In dem Fall aber werden Sie *wissen*.

Erschaffung: Grundprogramm

Haben Sie

1. ergründet, <u>was Sie wirklich wollen</u>,

2. hinderliche Überzeugungen aufgespürt und mittels <u>Glaubenssatzarbeit</u> durch ihr Gegenteil ersetzt,

können Sie eine klassische Methode der Realitätsveränderung ausprobieren:

3. Nehmen Sie den Zielzustand bildlich vorweg, stellen Sie ihn sich plastisch vor. Fühlen Sie ihn.

4. Wenn Sie Widerstand spüren, kehren Sie zu Schritt 1 oder 2 zurück.

5. Konzentrieren Sie sich einige Minuten auf den Zielzustand, so als wäre er bereits eingetreten.

6. Wertschätzen Sie seine kommende Manifestation.

7. Vergessen Sie die Aktion eine Weile, aber achten Sie auf sich bietende Gelegenheiten.

Das Vergessen bezweckt, dass Sie Ihre Fokussierung durch anschließende Zweifel nicht gleich wieder sabotieren. Sie lassen Ihren Wunsch *los* und sind nun offen, seine Erfüllung - auch auf überraschenden Wegen - zu *empfangen*.

Nehmen Sie sich bitte für den Anfang nichts zu Unwahrscheinliches vor. Der persönliche Wirksamkeitsbeweis kommt mit der Zahl der Erfolge, also der Erfolgsquote. Und noch ein Tipp, der Ihnen vielleicht paradox vorkommt: Sprechen Sie nicht darüber mit Skeptikern. Wenn diese nämlich einen unerklärlichen Erfolg anerkennen müssten, werden sie unterbewusst gegen Sie arbeiten. Wissen sie dagegen von nichts, passt alles in ihr Zufallsmodell und ist für sie akzeptabel.

Der Absicht folgen

Was unterscheidet die Absicht von Wunsch und Ziel? Sie enthält beide und noch mehr.

Wenn der Wunsch unser Bedürfnis ausdrückt und das Ziel seine Erfüllung bedeutet, dann bezeichnet die Absicht den *Weg dorthin*. Der Wunsch steht am Anfang, das Ziel am Ende und dazwischen liegt die Aktion. Konzentrieren wir uns auf die Absicht, haben wir alles zugleich im Visier. Damit müncet die Absicht *sofort* in Aktion.

Diese kann einfach in einem mental-emotionalen Impuls bestehen, den wir *abgeben:* Wir können spüren, wie das genau in dem Moment geschieht, in dem wir etwas beabsichtigen. Daraufhin *bekommen* wir manchmal einen Impuls zurück: Den nächsten Schritt ins Auge fassen! Nun folgen wir mit einer auf ihn bezogenen Absicht. So kommen wir zu einer Handlungskette.

Die Kunst besteht jedoch darin, die *übergreifende* Absicht nicht von den nächsten Schritten absorbieren zu lassen, sondern im Hinterkopf zu behalten. Zwar mag sich diese Absicht auch ändern, aber nicht indem sie kleinteilig wird. Sie schwebt immer über dem restlichen Weg zum *erfüllten* Wunsch, zum visionär *erreichten* Ziel, und bleibt in ihrem innersten Ursprung verankert. Es ist die *gefühlte* Absicht zu *haben*.

Währenddessen handeln wir zwar mehr oder weniger in der physischen Welt, in der wir uns entschlossen haben zu leben. Doch es ist ein Handeln in mindestens zwei Welten: in einer unterschwelligen, spürbaren Welt des Potentiellen *und* in der körperlich realisierten. Mit unserer Absicht allein strukturieren wir schon die Wahrscheinlichkeiten um (Gewahrsein II), immer weiter.

Das reine Herz

Das Grundgebot der Realitätserschaffung "Folge deiner Absicht reinen Herzens!" besagt:

1. Wir haben eine Absicht.
2. Wir hegen sie *und* folgen ihr.
3. Wir sind mit uns über beides im Reinen.

Besteht die Reinheit im Innern nicht, ist dies eines der beiden größten Hindernisse für unser Fortkommen. Das andere mögliche Hindernis ist die Freiheit jedes Individuums, welches von unserem Vorhaben betroffen ist. Man sieht leicht, dass beide eine einzige Bedingung ergeben: Harmonie von weit innen bis weit außen.

Wie stellen wir diese Harmonie her? Das ist im Grunde das Thema dieses ganzen Buches.

Die schöpferische Veränderung unserer inneren und äußeren Realität geht idealerweise von einem *tiefen inneren Impuls* aus, wird von unserem uneingeschränkten Vertrauen in sein Potential bestärkt und trifft auf das Einverständnis aller anderen Beteiligten, die nun ebenfalls seine Umsetzung fördern. (Zum inneren und äußeren Einverständnis zähle ich auch die Harmonie mit einer physisch beständigen Realität, da sie von tieferen Aspekten aller Teilnehmer zur Basis erwählt wurde.)

Hakt es an irgendeiner Stelle der Umsetzungskette, verringert sich unsere Erfolgswahrscheinlichkeit. Unser freier Wille an sich ist allerdings *kein* Hindernis, geht es doch nicht um starren Gehorsam gegenüber einem inneren Diktat. Vielmehr ist er nützlich, um den inneren Impulsen den richtigen "Drall" zu geben, sie an eine vom bewussten Ego besser einschätzbare Umgebung anzupassen. Schließlich hatte unser Innerstes vom Ego auch viele der Informationen bekommen, auf die es *seine* Entscheidung gründete (für den Impuls). Das Ganze ist ein gegenseitiges Wechselspiel von Erfahrungen und Entscheidungen.

Nur wenn sich in diesem Spiel Konfliktparteien ballen, etwa gegensätzliche Glaubenskomplexe, wird der Energiefluss behindert und verzerrt. (Er ist nicht gleichbedeutend mit dem Impuls, sondern wird von ihm mit *gesteuert*.) Solche Konflikte aufzulösen ist daher die wichtigste und leider oft langwierige Aufgabe vor der Wunscherfüllung. Intellektuell können Sie mit der Glaubenssatzarbeit beginnen. Sie berührt sehr schnell auch die emotionalen Wurzeln und versucht automatisch, sie mit zu ziehen, umzutopfen oder auszudörren.

Wenn sie dafür zu tief liegen, müssen Sie sie direkt bearbeiten und die von ihnen hervorgerufenen traumartig-symbolischen Bilder und Szenen verstehen. Das ist nicht schwierig. Sie brauchen nur bewusster tagzuträumen (noch besser im Halbschlaf) und dabei immer wieder den Zusammenhang zwischen dem gerade erlebten Gefühl und den begleitenden Bildern zu beobachten. Nach kurzer Zeit achten Sie mehr auf die Gefühle als auf die Bilder. Nun können Sie sich fragen, woher diese Gefühle kommen. Aus früheren Erlebnissen? Aus dem, was man Ihnen eingeredet hat? Aus einem Glauben, dem Sie aus einem anderen Grund anhängen?

Sobald Ihnen klar ist, was wirklich gilt, was eine tiefere Basis hat als Ihr Glaube, fühlen Sie sich *befreit*. Lassen Sie das alte Paket los, ankern Sie in dem neuen Grund und genießen Sie die neue, alte Energie. Nach einigen Wiederholungen wird Ihre neue Basis fester und Sie können beginnen, wieder nach Ihren Zielen zu schauen. Sind es noch die gleichen? Ändern Sie die Richtung, wenn nötig, und spüren Sie, ob Sie jetzt auf dem richtigen Weg sind.

Wenn ja, werden Sie bald noch etwas bemerken: Andere sind leichter bereit, Ihnen zu folgen, als Sie vorher glaubten.

Erschaffung: Kombiprogramm

Bestimmt ist Ihnen in Ihrem Leben schon aufgefallen, dass das Erwünschte oft genau dann eintritt, wenn Sie gerade *aufgegeben* haben, danach zu streben. Dies scheint der Lehre vom bewussten Erschaffen zu widersprechen. Doch in Wirklichkeit ist es ein Teil von ihr.

Sobald wir einen Wunsch *loslassen*, *übergeben* wir ihn an das verborgene, umfassendere "Bezugssystem 2", aus dem sich das Offensichtliche entfaltet. Damit bekräftigen wir, dass unser Tun *nicht* (mehr) hauptverantwortlich ist, für das was nun kommt, sondern "die Welt". Und so *öffnen* wir uns für *Geschenke* in Reaktion auf unseren bloßen Wunsch.

Dieses Übergeben ist eine Seite des Beabsichtigens und bildet eine Einheit mit der anziehenden Seite. Seth / Jane Roberts beschreibt in Band 1 von "Träume, 'Evolution' und Werterfüllung" (Ariston Verlag, Genf 1990, Seite 191) deren Kombination:

"Ihr wünscht euch etwas; ihr befasst euch eine Zeit lang damit; ihr malt euch aus, wie es in die vorderste Reihe der Wahrscheinlichkeiten gelangt, sich eurer Lebenssituation nähert; dann lasst ihr es wie einen Kieselstein ins Bezugssystem 2 fallen; ihr vergesst es für zwei Wochen so gründlich wie möglich. Das Ganze wiederholt ihr in rhythmischer Abfolge."

Um loslassen und vergessen zu können, dürfen wir natürlich nicht an dem Begehrten haften. Wir müssen uns auch ohne wohlfühlen: Es nicht zu bekommen, ist kein Verlust. Es zu bekommen, ist ein Geschenk. Loslassen heißt letztlich, sich auf die eigene Freiheit, Unabhängigkeit und das eigene Wesen zurückzuziehen.

Haben wir diesen Punkt der Klarheit erreicht, ist konsequenterweise das, was wir *nicht* anziehen, auch nicht das Richtige für uns - und wir werden es nicht vermissen.

Der 100 Prozentige

Der 100 Prozent Gläubige vergibt eine große Chance. Er engt sein Bewusstsein ein bis alle anderen Denkmöglichkeiten ausgeschlossen sind. Damit verschließt er sich auch der Möglichkeit, eine bessere Realität zu finden, als er sie sich vorstellen kann.

Manche, die ihr Bewusstsein derart verengen, behaupten, andere Blickwinkel durchaus einbezogen zu haben. Doch die Nachfrage zeigt meist, wie flüchtig sie das taten. Fast immer außen vor bleibt die *Gefühlshaltung* der anderen Perspektiven. Während der 100 Prozentige seinen Verstand durch fremde Standpunkte schweifen lässt, haftet er *emotional* weiterhin an seiner bevorzugten Sicht, so dass die anderen von vornherein keine Chance haben. Sie werden mit oberflächlichen Argumenten abgewehrt.

Wer sich *bewusst* so einschränkt, kann seine Weltsicht auch nicht weiterempfehlen, ohne damit die Einzigartigkeit anderer Menschen *abzuwerten*. Denn er gesteht deren Sichtweisen *allgemein* geringeren Wert zu. Dementsprechend wäre er nicht einmal zum allgemeinen Vorteil bereit, seine Auffassung zu ändern.

Einem hartnäckig ins Auge gefassten Ziel mag er zwar nahe kommen. Doch ist ein Ziel, das aus einem begrenzten Vorrat ein für alle Mal ausgewählt wurde, die Zeit wert, es zu verfolgen? Ist das Risiko eines Umwegs, eines hohlen Erfolgs oder gar eines Schadens nicht größer als die kleine Unsicherheit maßvollen Zweifels, die weitere Optionen offen hält?

Sie meinen, es sei zumindest gut, sich auf Positives zu beschränken? Nicht wenn Sie nach Wahrheit und einem *besseren* Positiven suchen.

Die Essenz verwirklichen

Wie genau sollten wir ein Ziel anpeilen?

Einfach strukturierte Übungen wie schönes Wetter anziehen, die Wahrscheinlichkeit für eine Parklücke heben, einen guten Bekannten "zufällig" treffen, brauchen nur eine rechtzeitige, locker-klare und leicht emotionale Konzentration auf das Erwünschte. Bei weiterreichenden Vorhaben in einem weniger flexiblen Umfeld sollten wir jedoch keine "Kraft" vergeuden, sondern uns erst einmal fragen, was wir *eigentlich* wollen.

Was bedeutet es uns, mehr Geld zu haben? Freiheit? Sicherheit? Anerkennung? Was erwarten wir von einer neuen Liebesbeziehung? Leidenschaft? Geborgenheit? Verantwortung? Bevor Sie nun sagen: "Alles", fragen Sie sich doch einmal, an welcher Stelle Sie den größten Mangel verspüren. Oder was Sie sich am meisten wünschen. Und nun überlegen Sie bitte, wie dieses Bedürfnis noch auf andere Weise gestillt werden kann.

Spüren Sie, dass es sich nicht unbedingt um Geld oder eine neue Beziehung dreht? Stattdessen geht es um die *Essenz* Ihres Anliegens, dessen *gefühlten Gehalt*. Sie müssen nicht auf finanzielle oder menschliche Zuwendung verzichten. Aber sie sind eben nicht der springende Punkt.

Um unsere Chancen zu steigern und das Risiko eines Scheinerfolgs zu minimieren, beabsichtigen wir also lieber, die Essenz zu verwirklichen. Dies kann entweder bedeuten, sie in uns selbst zu finden (indem wir innere <u>Blockaden</u> lösen), oder sie über neue äußere Umstände vermittelt zu bekommen. Doch beides hängt zusammen: Wenn wir unser Ziel einigermaßen zuversichtlich anstreben wollen, müssen wir den entsprechenden Mangel größtenteils in uns selbst geheilt haben. Andernfalls verunreinigt sein Empfinden unsere Absicht zu sehr, und das Ergebnis wird wieder mit Unzulänglichkeiten behaftet sein.

Wenn Sie aber wissen, dass die Quelle der Erfüllung in Ihnen ist, können Sie drei oder vier der gewünschten Umstände notieren; vergegenwärtigen Sie sich von Zeit zu Zeit, wie diese groben Einzelheiten die Essenz verkörpern und beabsichtigen Sie ihr Eintreten mit natürlicher innerer Bestimmtheit. Genaueres überlassen Sie dem umfassenden Bezugssystem, aus dem sich sowieso fast alles ohne Ihr Tun realisiert.

Auch den Weg zu Ihrem Ziel peilen Sie mit diesem übergreifenden Gewahrsein nicht genauer an. *Unbekannten* Möglichkeiten würden Sie sich sonst schnell verschließen. Zwar haben Sie vielleicht ein paar Ansätze im Blick, müssen auch körperlich handeln und erste Details durchdenken - doch immer *innerhalb* jenes Gewahrseins. Sie *tun* also tatsächlich Ihr Bestes, lassen sich aber nicht davon gefangen nehmen, denn Sie wissen, dass mehr als Leistung nötig ist. Sie haben Geduld, machen was gerade ansteht, um die Realisierung zu erleichtern, und wundern sich nicht allzu sehr, wenn schließlich viel mehr glückt, als Sie "mit Ihren eigenen Händen geschaffen" haben.

Blockaden und so

Die Harmonie unseres Wollens hat intellektuelle, seelische und noch tiefere Aspekte. Zu den seelischen gehört unser *Vertrauen* in jenes tiefere Gewahrsein (II), das unser bewusstes Wissen und unsere Macht bei weitem übersteigt. Obgleich ihm unter- und halbbewusste seelische Blockaden vorgelagert sein mögen, spüren wir doch zumindest manchmal das Gute, Wahre und Schöne an dessen Grund. Halten wir diese Momente fest. Und arbeiten wir von dort ausgehend daran, die Blockaden darüber zu beseitigen.

Meine Methode dafür habe ich im Kapitel Das reine Herz beschrieben. Obwohl es viele Bücher mit Techniken und Tricks dafür gibt, halte ich mich an ein einfaches, aber kreatives Prinzip: Hineinspüren und Klarheit schaffen. Das schließt die emotionalen (und vitalenergetischen) Aspekte ein, trennt sie aber nicht von den geistigen (intellektuellen und tieferen). Deshalb schreibe ich viel auf: spontane Erkenntnisse, abgeänderte Glaubenssätze, Absichten. Im Halbschlaf abends und morgens folgt die natürliche Nach- und Neubearbeitung, auf die ich mich bewusst *einlasse:* Träume auswerten, wenn sinnvoll, in Gefühlen denken und forschen, Aha-Effekte notieren und ihren Gehalt wiederholen bis er sitzt.

Ich erzeuge keine Gefühle absichtlich oder verdrehe und filtere Tatsachen zu bestimmten Zwecken. Ich achte extrem darauf, mir nichts vorzumachen. Der Fokus liegt allein auf der Suche nach einer tieferen Wahrheit. Habe ich sie gefunden, regelt sich alles darüber fast von allein. Ich muss nur noch Details klären. (Das eben ist auch ein Zeichen dafür, dass es sich um eine Wahrheit handelt.) Aber ich muss die neue Ausrichtung, eine neue Realität auch *annehmen.* Mit allen wichtigen Konsequenzen in anderen Lebensbereichen. Andernfalls bin ich *noch nicht* fertig.

Das kann lange dauern, doch die Erkenntnis der Wahrheit an sich und das Lebensgefühl, mich an ihr auszurichten und keine bequemen, aber beschränkten Ersatzeinstellungen annehmen zu müssen, sind es mir wert.

Viele Leute meinen das Wühlen in der Vergangenheit bringe nichts. Das mag stimmen, wenn wir uns in ihr verlieren. Sie ist jedoch ein Teil unseres Selbstverständnisses und die Beschäftigung mit unserer seelischen Gegenwart bringt sie ans Licht. Wo wir dann unsere Einstellung ändern, ob in der Gegenwart oder buchstäblich in der Vergangenheit, wird schnell egal. Denn davon sind immer *beide* betroffen.

Kreativ ist die Methode deshalb, weil ich nicht vorher wissen kann, wo mich die Intuition hinführt und wie ich dann mit ihr umgehe. Deshalb kann und möchte ich hier keine 1-2-3-Anleitung geben. Sie brauchen keine Angst vor Ihrer Intuition zu haben. *Spielen* Sie mit Ihren Eingebungen, agieren Sie Alternativen geistig aus und gehen Sie Ihren Gefühlseinstellungen so auf den Grund. Wenn Sie letzteres nicht möchten, ist jede Anleitung fruchtlos. Doch *wenn* Sie es möchten, finden Sie Ihren besten Weg selbst!

Es hilft, wenn Sie sich Basiswissen in Tiefenpsychologie und Traumdeutung aneignen - weniger wegen des Wissens, sondern um die Denkweise zu erlernen. So wächst Ihre eigene Psychologie mit der Ernsthaftigkeit Ihres Interesses. Außerdem empfehle ich Ihnen astrologische Psychologie. Sie müssen sich nicht um Vorhersagen kümmern. Aber die Astrologie verfügt über ein sehr detailliertes seelisches Bezugssystem. Lassen Sie sich eine ausführliche Persönlichkeitsanalyse erstellen (siehe Literaturempfehlungen), und Sie wissen, was ich meine. Diese können Sie besonders gut als Einstieg für Ihre eigene Tiefenforschung verwenden. Selbst Hilfsmittel wie "Heilsteine" werden Sie weiterführen zum Kern, zur Selbstbefreiung und zu Formen des Erfolgs, die sie vielleicht bisher nicht als solche betrachten konnten.

Wider die Angst

Haben wir Angst, meiden wir ihren vermeintlichen Auslöser und verhindern einen vermeintlichen Schaden. Das ist der Sinn des Angst-Konzepts. Doch Meidung bedarf eigentlich keiner Angst.

Sie kann durch <u>Zielorientierung</u> ersetzt werden, also durch die Konzentration auf das Erwünschte und ein bloßes Randgewahrsein der Gefahr. Wie ein geübter Kampfsportler reagieren wir mit entschlossenem Vorstoß und gleichzeitigem Ausweichen nebenbei. Instinkt wird durch den *Vorrang bewusster Entscheidung* ersetzt: Statt "Nur weg!" heißt es "Dorthin!"

So können wir uns auf Erfolge freuen, ohne Misserfolge zu fürchten. Denn wenn wir trotz Zielorientierung einen Misserfolg erleiden, dann ohne unser bewusstes Zutun: Es bringt nichts, ihn vornan zu stellen. Erfolg jedoch muss anvisiert werden.

Allerdings, ob wir ein Ziel erreichen, hängt davon ab, wie tief, umfassend und intensiv wir es wünschen, nicht davon, wie sehr wir das Gegenteil ausschließen. Und auch nicht davon, wie ausschließlich wir das Ersehnte anstreben. Zielorientierung ist konstruktiv, im Sinn unserer Entwicklung, und Entscheiden bedeutet Freiheit. Angstfreiheit ist so gesehen *Schaffensfreiheit*.

Auch was eine angstauslösende Gefahr ist oder was ein Schaden wäre, glauben wir selbst. Mehr oder weniger bewusst. Wollen wir bewusster handeln, müssen wir deshalb unsere Annahmen über Ursachen und Wirkungen hinterfragen.

1. Lassen Sie dass, wovor Sie Angst haben, *geistig* bewusst *zu*.

2. Erforschen Sie die tatsächlichen Konsequenzen und deren tatsächliche Tragweite, für den Fall, dass das Befürchtete geschähe.

3. Klären Sie, warum Sie das Gegenteil wünschen (ein positives Ereignis) und verdeutlichen Sie sich die Tiefe dieses Grundes.

4. Lassen Sie nun das Befürchtete *los* im Vertrauen darauf, dass das Erwünschte gewiss eintritt, Sie aber auch das Gegenteil nicht umbringen würde.

Besonders intensive Ängste sind mit dem Gefühl für unsere Identität verknüpft. Fühlen wir diese bedroht, schaltet sich der Selbsterhaltungstrieb ein. Ist unsere Identität nun sehr eng gefasst, mit einer bestimmten Rolle oder Ich-Vorstellung verquickt, geschieht das sehr schnell. Schon eine bevorstehende Prüfung oder eine andere mäßige Bedrohung gefährden sie. *Öffnen* wir jedoch unser Selbstbewusstsein in unsere innere Tiefe hinein, können wir mit ihm mehr Rollen und Situationen erfassen und einordnen, so dass wir letztlich gar nichts verlieren. Oder wir können einige loslassen, ohne *uns* zu verlieren. Das ist eine sehr direkte Übung und je besser sie gelingt, desto mehr Ängste auf einmal schwächen sich ab oder lösen sich auf.

Lockt die Angst mit einem unterschwelligen Nutzen, wie mit der Befriedigung eines Reizbedürfnisses oder mit der Geborgenheit im Rückzug, kann er durch ein gesundes Gegenstück ersetzt werden: Im ersten Fall durch positiven Stress (Sport, Problemlösen) und im zweiten Fall durch die Einsicht, dass echte Geborgenheit in der *Offenheit* beziehungsweise Angst*freiheit* liegt, nämlich im *Vertrauen auf das Wesentliche*.

Lassen Sie nun die Angstenergie "ins Weltall" ab, ohne ihr eine konkrete Form zu geben. Oder binden Sie sie an ein gedachtes Objekt, das wirklich nichts mit Ihren Absichten zu tun hat, und "werfen" Sie es anschließend weg.

Angst akut: Einsichten und Tipps

1. Machen Sie sich klar, dass Angst ursprünglich dazu diente, zusätzliche Energie für Angriff oder Flucht zu mobilisieren, die hier aber gar nicht gefragt ist!

2. Schrauben Sie die Erwartungen nicht so hoch, damit auch die Angst nicht so "begründet" ist.

3. Identifizieren Sie die Angst als Gegner, der dem Ziel im Wege steht. Auf Grund dessen ihn links liegen lassen, an ihm vorbeisteuern und auf das Ziel konzentrieren. Er verschwindet dann.

4. Was Sie ohne Angst vermasseln, hätten Sie auch mit Angst vermasselt.

5. Die Angst, ein Ziel nicht zu erreichen, steht eben diesem Ziel entgegen. Diese Einsicht annulliert sie.

6. Wenn Sie Angst haben, ein Ziel zu erreichen, machen Sie sich die realistischen Alternativen klar!

7. Angst vor Veränderung ist die Angst, das Gleichgewicht zu verlieren. Stattdessen wird aber immer ein *neues* Gleichgewicht gefunden. Sehen Sie das *praktisch* ein.

8. Wenn Sie Angst haben, die Angst nicht kontrollieren zu können, wenn sie weg ist, dann lassen Sie sie nur ein bisschen zu, damit Sie wissen, wo sie ist.

9. Stellen Sie sich vor, dass alles ruhig vollzogen *wurde*. Entscheiden Sie sich für diese Zukunft.

10. Verzichten Sie auf Perfektion, anstatt sie zunichte zu machen.

11. Konzentrieren Sie sich auf die Gefühle, die Sie eigentlich haben wollten, wie Freude, Neugier, Liebe, Lust an der Herausforderung. Diese stehen der Angst direkt entgegen und lösen sie auf.

12. Wenn doch Angst aufkommt, durchrauschen lassen, nichts entgegnen.

Energieballons stechen

Mit wem unterhalten wir uns eigentlich, wenn wir mit jemandem sprechen? Mit der Person selbst? Eher wenig. Lieber mit unserer Vorstellung von ihr!

Das kann mehr eine Projektion unsererseits sein als ein Abbild des anderen, so dass wir mit ihr noch brabbeln, wenn er längst weg ist. Dennoch dient eine solche "Kreatur" als Kommunikationseingang, um den anderen zu erreichen, und kann sich insbesondere im Traum und beim <u>Hineinversetzen</u> nützlich machen.

Die gleiche Eigenständigkeit können aber auch gefühlsbeladene Vorstellungskomplexe entwickeln, die sich wie ein Ohrwurm immer wieder aufdrängen. Sie werden von uns unwillkürlich gefüttert, da sie einen nicht erkannten Nutzen enthalten. Manchmal überleben sie sogar ein vernünftiges Neuverständnis ("Reframing" genannt), das sie doch auflösen sollte.

Hier hilft eine Notmaßnahme *vor* dem Reframing: Stechen Sie das Ding mit einer vorgestellten Nadel an und lassen Sie seine Energie verpuffen. *Jetzt* schenken Sie dem geplatzten Ballon keine Aufmerksamkeit mehr und bauen an seiner Stelle etwas Übersichtliches.

Falls Sie dagegen beginnen, einen neuen Ballon aufzublasen, fragen Sie sich, was Sie seelisch immer noch von ihm haben und sich nur nicht eingestehen wollen. Ist das klar, lassen Sie ihn wieder platzen und geben Ihre Energie etwas anderem, das Ihre Aufmerksamkeit wirklich verdient. Das kann durchaus auch eine gründliche Auseinandersetzung mit dem eigentlichen Thema sein, um es in Ihr Lebenskonzept einzuordnen und der bewussten Kontrolle zu unterstellen.

Hineinversetzen

Jemandem zu sagen, wir verstünden, was in ihm vorgeht, kann zum einen unglaubwürdig erscheinen. Zum anderen kann es seine Intimsphäre verletzen, unabhängig davon, ob wir richtigliegen. Haben wir recht, könnten wir damit Selbstlügen von ihm aufdecken, was ihn noch mehr in die Verteidigung drängte. Doch abgesehen von diesen Befindlichkeiten ist die Möglichkeit des Hineinversetzens in anderes Gewahrsein - und damit das Gewahrsein anderer - nicht nur theoretisch notwendig (Gewahrsein I und II), sondern auch praktisch anwendbar.

Nehmen wir an, wir wollen einem Freund helfen, den gerade ein familiäres Problem bedrückt. Nach dem, was er uns schildert, stellen wir uns seine Situation vor und denken uns in sie hinein. Indessen würden wir wohl immer noch sagen, wir befänden uns selbst in jener Lage - nicht aber *als er*. "Er" ist eine Ganzheit, die wir nur *insgesamt* begreifen können. Wir können vielleicht Stück für Stück in sie hineinwachsen, aber "drin" sind wir erst, wenn wir sie in ihrer Totalität erfassen.

Manchem mag diese aufwendige Methode als die einzig logische erscheinen. Und dennoch verfügen wir über eine weitere, die wir ständig benutzen, die aber für ihren umfassenderen Gebrauch einige Übung verlangt. Ich meine die Verlagerung in die andere Richtung, in die eigene Tiefe, das Unterbewusstsein. Auch hierbei kann das Ziel vorher bekannt sein, aber der Weg zu ihm ist es nicht. Im obigen Beispiel werden wir von dem *ausgehen*, was wir über unseren Freund wissen, seine charakteristische *Präsenz* erspüren, und uns dann in unser Inneres versenken. Wir haben das Ziel vorgegeben und die Absicht, genau dort herauszukommen. Anschließend *öffnen* wir unser Inneres und mit ihm die Wege zu anderen Realitäten. Gelingt uns das Unternehmen, spüren wir ein *Hineingleiten* in den anderen Standpunkt, in das andere

Gewahrsein. Wenn Sie sich einmal verdeutlichen, wie Sie sich normalerweise in andere Situationen versetzen, wird Ihnen dieses Verfahren gar nicht so fremd vorkommen. Sie werden bemerken, dass Sie meist mit beiden Methoden *zugleich* arbeiten.

(Leicht veränderter Auszug aus meinem Buch "Die Erschaffung der Realität")

Besonders in einen Menschen, mit dem Sie gar nicht klarkommen, können Sie sich tief "hineinbeamen", mit ihm *vertraut* werden und sich von dieser Vertrautheit auf das ihr zugrunde liegende Niveau führen lassen. Die Einsichten, die Sie auf diese Weise gewinnen, sollten Sie allerdings nur in vorsichtige Fragen und Vorschläge einfließen lassen (siehe oben). Ihre eigenen Vorurteile könnten doch Einiges verzerrt haben, an dem sich der andere sofort festbeißt. Deshalb regen solche Einblicke hauptsächlich zu einer Bestätigung auf anderem Weg an.

Falls Sie sich fragen, ob Sie jemanden direkt *beeinflussen* können, indem Sie sich in ihn hineinversetzen, machen Sie sich bitte klar, dass die Absichten des anderen viel tiefer wurzeln als die Wahrnehmungen, die Sie von ihm zurückbringen. Falls Sie sich bewusst so tief in ihn hineinversetzen könnten, würden Sie gerade dadurch ihre eigenen Absichten vergessen. Wenn Sie es aber nicht ganz so tief versuchen, sondern noch in sich verwurzelt bleiben, werden Sie sich eben deshalb mehr selbst manipulieren als ihn. Tut mir leid: Unser Einfluss steigt nur durch das größere Verständnis, das wir erlangen.

Dieses Verständnis hat natürlich auch Wert an sich: Es dient der Bewusstseinserweiterung und dem Seelenfrieden und harmonisiert unser zwischenmenschliches Verhältnis. Was fänden wir wohl, wenn wir dieses Gewahrsein auf die Natur ausdehnten?

Über Menschen urteilen

Über andere Menschen zu urteilen heißt noch nicht, sie zu *ver*urteilen. Es ist einfach eine *Wahl*, die natürlich immer eine Wertung, eine Gewichtung, bedeutet. Eine solche Wertung mag aber über bloße Vorliebe hinausgehen, indem sie Anspruch auf Allgemeingültigkeit erhebt. Das ist der Punkt, an dem sie mit den Wertungen anderer kollidieren kann.

Jeder Allgemeinheitsanspruch ergibt sich jedoch aus einem *Bezug*, einer gefühlten Verbundenheit oder Identifikation mit dem anderen und ist deshalb nicht beliebig. Die Frage lautet vielmehr, *welcher Art* die Verbundenheit ist.

Mit einem achtsamen Anspruch erkennen wir die Möglichkeit des eigenen Irrtums an und respektieren die Freiheit des anderen, ohne dessen Werten gegenüber gleichgültig zu sein. Wir sind uns *des anderen als solchem* gewahr, "sorgen" uns um dessen Wohl und *wissen* es als Teil unseres eigenen. Wir *interessieren* uns für ihn und wollen ihn deshalb *verstehen*.

Wenn wir den anderen klein machen, verkleinern wir uns selbst, denn wir haben nun weniger von ihm. Auch wenn wir im üblichen Sinn nichts von ihm bekommen, machen wir uns kleiner, denn wir können uns kein bisschen mehr mit ihm identifizieren, ohne an uns selbst zu verlieren.

Hätten wir uns *ohne* den anderen herabzusetzen *noch kleiner* gefühlt, haben wir uns jetzt außerdem an eine *Illusion* eigener Größe verkauft, die uns nicht lange und nicht wirklich befriedigt. Auf diese Weise verlängern wir das Leiden an unserer ebenso eingebildeten Minderwertigkeit.

Reichtum und Neid

Materieller Reichtum existiert nicht. Denn Reichtum wird immer *empfunden*. Sogar der Wert des Geistigen.

Der Materialist identifiziert sich mit seinem Besitz, der Lebenserfahrene braucht vielleicht gar keinen, und der Geistesforscher versteht womöglich nicht, was er damit soll. Alles kann tiefer oder oberflächlicher, direkter oder indirekter, mehr oder weniger mit unserer Seele harmonieren. Ja, Reichtum kann erlangt werden ganz ohne "Umwege" über äußere Ereignisse oder Errungenschaften: in meditativer Stille. Denn im Grunde haben wir ihn bereits. Wir müssen ihn nur neu entdecken.

Wie wir das tun, ob mit Hilfe materieller Güter, zwischenmenschlicher Beziehungen, neuer Erkenntnisse, eigener Produkte oder wechselnder Lebensumstände, ist eine Frage persönlicher Vorlieben und *letztlich* gleichwertig.

Dementsprechend besteht für Neid kein Anlass:

1. Wenn Ihnen ein anderer besser zu sein scheint als Sie, und Sie glauben ebenso sein zu können, dann *lernen* Sie von ihm und *werden* Sie besser.

2. Wenn Sie nicht so werden können oder wollen, dann *akzeptieren* Sie dies und identifizieren Sie sich mehr mit Ihrer *eigenen* Individualität.

3. Machen Sie sich klar, was der andere Ihnen gegenüber *nicht* hat.

4. Achten Sie ihn um seiner *Individualität* willen.

Individualität und Realität

Ihre Individualität ist viel mehr als ein wenig Eigenart. Es ist eine Sicht, die nichts und niemand außer Ihnen hat. Denn sonst wäre es/er Sie selbst. Auch Sie haben Ihre Perspektive - sich selbst - schon im nächsten Moment verändert und können die Zeit nicht mehr zurückdrehen.

Der Bequemlichkeit halber verständigen wir uns auf "gemeinsame" Gegenstände, die angeblich jeder wahrnimmt, obwohl jeder aus seinem eigenen Winkel blickt. Wenn Sie sehen, wie ich einen Bleistift zu Ihnen über den Tisch rolle, glauben Sie vielleicht, es wäre derselbe Stift, den ich sehe. Doch ich sehe etwas *völlig anderes* als Sie. Es gibt nicht die geringste Übereinstimmung zwischen meiner Wahrnehmung und Ihrer. Denn sonst würde ich an Ihrer Stelle sitzen, Ihre Gedanken, Erinnerungen und Gefühle haben und damit eine auf mich zurollende Form verknüpfen.

Wenn wir beide von einem einzigen Stift sprechen können, dann weil wir uns schon als Kinder darüber geeinigt haben, was wir *näherungsweise* als gemeinsames Objekt und genauer als Stift ansehen wollen. Das taten wir vorher auch für uns selbst, indem wir unseren eigenen Blickwinkel wechselten und uns dabei die relative Beständigkeit gewisser Formen auffiel. Sollten Sie jetzt erkennen, dass "jemand" so ein Näherungsobjekt über den Tisch rollt, haben Sie wieder kurz den Blickwinkel gewechselt, das heißt, Sie haben sich annähernd in *seine* Perspektive versetzt und sind in Ihre eigene zurückgekehrt. So können Sie *schlussfolgern*, da rolle ein gemeinsames Objekt, das "nur" von unterschiedlichen Seiten gesehen wird. Eigentlich aber haben Sie *zwei unteilbare* Wahrnehmungen über mehrere Schritte zu einer Einheit verschmolzen, die einen "Teil" Ihrer eigenen Wahrnehmung *betont* (Stift) und dazu einen "Teil" der Wahrnehmung des anderen, die sie gerade "ausspioniert" haben (Stift).

Die einzigartigen Perspektiven erzeugen also in gegenseitigem Austausch eine *näherungsweise* Gemeinsamkeit, einen sogenannten realen Stift.

Die verbreitete Annahme eines von Perspektiven *unabhängigen* Stifts führt dagegen ins Leere, wenn man immer weiter fragt "woraus" er besteht: aus Molekülen, diese aus Atomen, diese aus Elementarteilchen, diese aus Feldern und diese aus Veränderungsgesetzen. Doch Veränderung wovon? Es ist eine Endlosschleife.

Allerdings vermag *kein* Konzept bisher zu erklären, warum ein rollender Bleistift recht stabil sein kann: Weder zerbricht er noch wechselt er die Richtung, wenn ich es nur denke. Ich muss ihn dazu anfassen. Und dann ändert er sich gleich für uns beide (unter der Bedingung, dass wir beide "dorthin" sehen).

Im Perspektivenaustausch-Konzept müssen wir deshalb von noch weitgehend unbekannten (nicht bewussten) Vorgängen ausgehen, die unsere Wahrnehmung stabilisieren. Deren Wirkung muss mit nachgewiesenen physikalischen Gesetzmäßigkeiten übereinstimmen. Beides ist konsequent.

Das Konzept einer unabhängigen Realität ist dagegen eine Krücke, mit der man Stabilität in nicht wirklich verstandene Gegenstände *hineinprojiziert* und so die individuellen Wahrnehmungen größtenteils darin *versteckt*. Das ist nicht konsequent.

Die Makro- und Mikrophysik stelle ich damit nicht in Frage. Sie beschreibt, wonach sie sucht, vor allem Prozesse "gemeinsamer" Gegenstände. Doch man muss auch sagen: Wenn Physik nicht fundamental ist, sondern alles *im Grunde* individuell bleibt, muss es noch auf andere Weise erklärt werden, und Physik wird zwar nicht überflüssig, aber nachrangig. Psychologische Zusammenhänge werden eine wichtige Rolle spielen, doch auch sie sind nicht grundlegend genug. Vielmehr sind zuerst die abstraktesten und einfachsten Strukturen von Bewusstsein heranzuziehen.

Bewusstsein (I) - was ist das?

Was auch immer Bewusstsein "ist" - es muss Struktur haben. Selbst Leere kann nur im Gegensatz zu Fülle definiert werden und Nichtdualität gegenüber Dualität (wie schon das Wort sagt). Oder es ist einfach "Mu". Und damit wäre das Buch - und alles sonst - zu Ende.

Ich schlage vor, wir lassen uns damit noch etwas Zeit und versuchen, von einem möglichst konkreten Bewusstsein auszugehen, von einem bewussten Gegenstand, sagen wir einem Wasserglas. Wir nehmen mit ihm etwas wahr, das wir von uns selbst unterscheiden. Aber wir unterscheiden es auch von seiner Umgebung (Tisch, Schrank, Zimmer) und bestimmen es im Vergleich mit anderen bekannten Dingen (Tisch, Tasse, Teller) zu dem, was es "ist". Das heißt, wir *umschreiben* sein Dasein mit Vergleichen. Ebenso stabilisiert es sich durch äußere und innere Wechselwirkungen (Eingießen und Trinken, molekulare Anziehung und Abstoßung).

Wir können diese Wechselwirkungen immer weiter hinterfragen und werden dabei nie einen Boden finden. Biologische Abläufe, mechanische Bewegungsgesetze und physikalische Felder bleiben leer ohne eine Struktur, die sie umschreibt. Das heißt, wir können Umschreibung als Grundeigenschaft alles Bewussten und damit des Bewusstseins ansehen.

Im Zentrum jeder Umschreibung ergibt sich nun etwas, das bisher enorm unterschätzt wird: der Mittelpunkt. Ein einziger Punkt, der sich unmittelbar auf das Ganze bezieht. Beim Wasserglas ist es zum Beispiel der Schwerpunkt und optische Mittelpunkt oder, wenn sich beide unterscheiden, die durch sie umschriebene Mitte und so weiter. Denn nur das Ganze als solches hat eine Mitte. Durch jede Teilung entstehen neue Zentren (die der Splitter) und durch jede Änderung (wie eine Einfassung mit Henkel) ein anderes. Sogar dann, wenn die Änderung symmetrisch verläuft (ohne Henkel): Da der Mittelpunkt wie jeder andere Punkt *an sich nichts* ist und ihm nur in Bezug auf eine bestimmte Ganzheit Bedeutung zukommt, umschreibt ein anderes Ganzes einen anderen Mittelpunkt - auch an der gleichen "Stelle" (hier die Mitte eines *eingefassten* Glases). Und schon der Punkt neben der Mitte ist die Mitte von etwas anderem (einer Einheit von Glas und Löffel etwa).

Somit besteht zwischen dem unendlich kleinen - infinitesimalen - Zentrum und der umschreibenden Ganzheit eine einzigartige Beziehung. Den Mittelpunkt zu ignorieren hieße das Ganze zu ignorieren. In der Peripherie (Randzone) wiederum ist die Außengrenze maßgeblich für das Ganze, womit deren Beziehung zum Mittelpunkt hervorgehoben wird.

Da diese Struktur auch für alle Teilbereiche eines Gegenstandes gilt, sowie für deren Beziehungen zur Ganzheit, dazu *zwischen* Mitte und Peripherie und zwischen *dieser* Mitte und *ihrer* Peripherie und so weiter, nenne ich diese Gesamtheit *Infinitesimalstruktur* oder *I-Struktur*.

Natürlich ist auch die Beziehung zwischen uns (dem Gegenstand unseres Selbstbewusstseins) und dem mehr äußerlichen Objekt i-strukturiert. Und wenn wir in einen Gegenstand eintauchen, finden wir dort nur unterschiedliche I-Strukturen: Zitternde "Teilchen", schwingende "Felder", umschriebene "Gesetze".

Damit haben wir nicht weniger definiert als die Oberfläche von Bewusstsein. Was wir intuitiv als "Einheit des Objektes" ansehen, *kondensiert* dabei symbolisch um das Zentrum herum, das heißt, wir nehmen die Einheit dort stärker war, weil sie am Mittelpunkt der Ganzheit am nächsten ist. (Sogar im leeren Glas: Wenn ein wenig absplittert, ändert sich die Mitte kaum, und so ist es noch immer ein Glas.) "Teile" werden eher als peripher wahrgenommen, wo sie auch schneller mal "bröckeln". Da das Bewusstsein ständig in umschreibender Bewegung ist und so mehr oder weniger statische Gegenstände kondensiert, nenne ich es in meinem Buch "Die Erschaffung der Realität" *quasistatisch*.

Wie ist Wahlfreiheit möglich?

Die Frage ob wir frei zwischen mehreren Möglichkeiten wählen können, ohne uns diese Freiheit einzubilden oder mit Zufall zu verwechseln, führt uns zur Wahrheit über unsere Verantwortung. Denn wenn wir etwas zu verantworten hätten, das zwar von uns kommt, nicht aber durch uns *entschieden* wurde, wäre es nicht mehr als die Verantwortung einer Wolke für ihren Regen.

Um die Antwort zu finden, werden wir die einfache Wahl zwischen zwei Fortsetzungen unseres Tages betrachten, zum Beispiel, ob wir heute ins Kino oder ins Theater gehen. Eigentlich mögen wir beides gleich gern, obschon wir manchmal mehr auf das eine als auf das andere Lust haben. Heute ist es uns jedoch wirklich egal, wir könnten ebenso gut eine Münze werfen. Tun wir aber nicht - das wäre zu billig. Wir überlegen. Wir versetzen uns mal ins Kino, dann wieder ins Theater und wieder zurück in die Gegenwart und so weiter. Damit umschreiben wir die Ganzheit der Entscheidungssituation, wobei die Gegenwart ihr Zentrum ist. Strenggenommen ist dieses Zentrum unendlich klein, genau in der Mitte der ganzen Umschreibung mit ihren sämtlichen Details. Also in uns.

In der Peripherie wiederum beeinflusst unsere Wahrnehmung des Kinos die anschließende Wahrnehmung des Theaters und umgekehrt - und wiederum unsere Gegenwart und umgekehrt. Die *Unbestimmtheit* zwischen den *bestimmten* Varianten kondensiert dabei zur *Bestimmtheit* der Entscheidungssituation bis hin zu deren genauem Mittelpunkt, der andererseits völlig neutral ist, sich also *unbestimmt* verhält. Damit aber ist auch die ganze Situation wieder unbestimmt und so weiter.

Wir sind noch nicht fertig: Kino und Theater innerhalb und drum herum, wie auch die Wege dorthin mit allen Einzelheiten werden ja ebenso durch die Bewegung unserer Aufmerksamkeit umschrieben. Statt unsere Gedanken um ein Kino kreisen zulassen, könnten wir auch zur U-Bahn und zum Tanzclub schweifen und das ganze Theater vergessen. Stattdessen konzentrieren wir uns absichtlich auf jene Abwägung zwischen Zielen. Sitzplätzen, Zugangswegen. Das heißt, die Bestimmtheits-/Unbestimmtheitsstruktur gilt auch *für jedes Detail* des Abwägungsprozesses. Und damit sind überall kleine Entscheidungen fällig. Wir können dieser Entscheidungsstruktur nirgendwo entkommen - es ist eine I-Struktur (Infinitesimalstruktur).

Diese Prozessstruktur vereint Bestimmtheit und Unbestimmtheit *an jeder Stelle auch total*. Denn indem beide aufeinander verweisen und zur Mitte der *so* umschriebenen Ganzheit hin ineinander aufgehen, sind sie genau dort nicht einmal mehr teilweise getrennt.

Wo also ist der jeweilige "Punkt" der Entscheidung? Offenbar *nicht* im neutralen Zentrum zwischen den Alternativen, sondern *zwischen Zentrum und Peripherie*, in eben jenem Zentrum zwischen Bestimmtheit und Unbestimmtheit. Wo auch immer das exakt ist. Denn "das" kann immer nur *dazwischen* sein, sonst wäre es eine Seite. Man kann es nur "eingrenzen", aber niemals festmachen. Es ist eigentlich über den ganzen Prozess verteilt und *konzentriert* sich nur um zentrale Stellen - *insgesamt* in uns, aber in Richtung unserer Ziele und zwischen ihnen.

Aus dieser i-strukturierten Einheit der Teileinheiten kann nicht nur, sondern *muss* eine freie Entscheidung kommen. Dies ist die einzige Möglichkeit, die einzig sinnvolle Beschreibung. Es spielt keine Rolle, dass die Wahl für Außenstehende auch überwiegend zufällig oder bedingt gewesen sein könnte. Zufälle und Bedingungen wie Wetter und Fahrpläne gingen natürlich in die Entscheidung ein und haben deren Spielraum im peripheren Bereich des Prozesses begrenzt. Aber die Peripherie ist eben nur eine Seite des Ganzen - eine der *nicht* entscheidenden.

Gewahrsein (I) - es ist verwickelt

Die Einzigartigkeit jedes Standpunktes, jedes Blickwinkels kann offenbar nur "überwunden" werden, indem der Standpunkt zu anderen Standpunkten *wechselt*. Und wiederkehrt. In solchem Wechsel allein, der auch als stetige Änderung erscheinen kann, liegt die Einheit der Welt.

Das Erfassen dieser dynamischen Einheit geht über bloßes Bewusstsein hinaus, weil Bewusstsein (I) immer zu umschreibender Kondensation neigt, das heißt zur Bildung symbolischer, quasistatischer Gegenstände. Dagegen ist der Wechsel zu anderen Standpunkten - anderen individuellen Einstellungen - natürlich offener. Die Wahrnehmung dieses Wechsels nenne ich deshalb *Gewahrsein*.

Gewahrsein ist also niemals "fest". Es ist immer das *Werden von etwas anderem*, genauer gesagt von vielem anderen: Es *entsteht* ständig aus dieser Wechselbewegung und besteht nur in ihr. Es ist damit auch Wahrnehmung von *Potential*.

Doch *wessen* Potential? Nein, nicht unseres, falls mit "unser" ein quasistatisches Selbstbild gemeint sein soll. Denn ein solches Bild wäre schon weitgehend festgelegt. Stattdessen, um beispielsweise von der Individualität eines Beamten zu der eines Hobbykünstlers zu wechseln, muss der Beamte "aufgelöst" und neu zum Künstler verdichtet werden. Nicht der Beamte hat sich bewegt, sondern *der Wechsel* vom einen zum anderen *wurde unterschiedlich zusammengewickelt*. Dabei sind sich sowohl der Beamte als auch der Künstler ihres alternativen Selbst gewahr. Außerdem sind sich beide der potentiellen Blickwinkel auf dem Weg vom Büro ins Atelier und wieder zurück gewahr. Und sie sind sich darüber hinaus der möglichen Einstellungen im Kino oder Theater gewahr. Und der unterschiedlichen Positionen innerhalb des Büros, des Ateliers und des Zuhauses.

Das Gewahrsein ändert sich zwar mit jeder Einstellung, aber es bezieht alle potentiellen Standpunkte ein. Mal hat der eine Vorrang - er ist mehr real und weniger potentiell -, mal der andere. Mal ist das

Gewahrsein beschränkter, zum Beispiel auf die Seiten einer Akte, dann wieder offener mit Blick ins Leben. Aber selbst in der Akte kommt gelegentlich der Künstler zum Tragen, und im Künstler der Pedant. Und Zuhause alle beide.

Geistig wechseln wir schneller als psychisch oder körperlich, denn Psyche und Körper sind "gefestigter". Die psychische Wechselstruktur ist tiefer verwickelt, und auch der Körper ist das Ergebnis von relativ stabilen Wechseln ("Wechselwirkungen"), die wir kaum überschauen. Doch es gibt *strenggenommen* keine Stelle, an der wir sagen können "Jetzt haben *wir* die Position gewechselt", denn "wir" bestehen *ausschließlich* aus verwickelten Wechseln. Es gibt im Grunde nur Gewahrsein.

Doch wer gewahrt den Wechsel des Gewahrseins? Eine schöne Fangfrage.

In Wirklichkeit ist Gewahrsein *immer* Wechsel zwischen anderem Gewahrsein, nämlich zwischen *Perspektiven* der ganzen Wechselei. Das Gewahrsein wechselt wie gesagt den Rang, die *Hierarchie* der potentiellen Einstellungen. Wenn das "Beamtenwesen" spricht, schweigt die Inspiration überwiegend und umgekehrt. Wessen sich der Beamte jedoch ebenfalls gewahr ist, ist der Nachrang seines Gewahrseins im Gewahrsein des Künstlers (und so weiter). Mit dem Gewahrsein wechselt dann auch die ganze Verschachtelung von absteigenden Prioritäten, Blickwinkeln und Drehungen.

Was also gewahren wir kurz gesagt?

- Alles Einzigartige ist in allem Einzigartigen enthalten.
- Der Wechsel der Einzigartigkeit ist das Natürlichste der Welt.

Der Realitätstrichter (Bewusstsein II)

Im Kapitel Bewusstsein I haben wir die Bildung von I-Strukturen durch Umschreibung behandelt und im Kapitel Gewahrsein I den Wechsel der Perspektive als solchen. Doch im Grunde ist beides ein und dasselbe.

Umschreibende Bewegung - Bewusstsein - ist natürlich ein Wechsel von individuellen Blickwinkeln. Und die Wahrnehmung eines Wechsels - Gewahrsein - umschreibt auch eine konstante Mitte. Der Unterschied zwischen *betonter* Umschreibung und *betontem* Wechsel liegt in der Dichte des umschriebenen Zentralbereichs. Bildet der umschreibende Wechsel (zum Beispiel zwischen Fassaden) ein Objekt aus (ein Haus), symbolisiert das inhaltlich dichte Zentrum dessen Einheit ("drin sein"). Wird der Wechsel mehr als solcher wahrgenommen, ist der Objektcharakter dünn ("Sind es mehrere Häuser oder eins?").

Das Maximum der Einheit liegt im intuitiven Mittelpunkt, während das Maximum des Wechsels im Wechsel selbst besteht. Das heißt, der Wechsel ist maßgebend und die Umschreibung abgeleitet. (Ohne Fassaden auch kein Drinnen.)

Nun ist aber die "Spur" des Wechsels (des Fassadenlaufs) in der Erinnerung mehr oder weniger zusammengewickelt, also verdichtet, und dem jeweiligen Gewahrsein ist der gesamte Wechsel nur *unvollständig bewusst* (etwa zwischen drei bloßen Wänden mit Ecken und ein paar Fenstern). Der Rest (mehr Fenster, Dachkammer, Rückwand) führt ins gerade nicht Bewusste, in eine Verengung.

Gewahrsein beinhaltet zwar auch ein Bewusstsein dieses Übergangs ("näher heran, nach hinten"). Doch Bewusstsein ist gewissermaßen der "obere" Abschnitt des Gewahrseins, während Gewahrsein als solches auch das gerade nicht Bewusste "weiter unten" umfasst, indem es mit ihm *wechselt*. Das ist mehr als ein punktueller Übergang oder ein geronnenes Potential. Aus dem Wechsel zwischen Bewusstem und Unterbewusstem "empfängt" das Gewahrsein sozusagen Eindrücke und Ahnungen, die dem statischeren Bewusstsein entgehen ("eine Kammer irgendwo").

Insgesamt ähnelt das Bewusstsein einem Trichter, dessen Rand die umschreibende (Wechsel-) Bewegung darstellt, die sich nach innen verdichtet und verengt und mit dem Trichterkanal in das gerade nicht Bewusste übergeht. Nur der Mittelpunkt der ganzen Bewegung bleibt immer bewusst. Das Gewahrsein dagegen *folgt* dem Kanal bis auf die andere Seite ("nach hinten, um die Ecke"), das heißt, es wechselt in das dortige Bewusstsein, *dessen* Kanal wieder zurückführt.

Der Unterschied ist nicht streng: Bewusstsein ist immer Gewahrsein! Gewahrsein ist auch bewusst, weist aber darüber hinaus und beinhaltet immer *mehr* als gerade bewusst ist. Wechsel lässt sich nicht annähernd festschreiben. Mit dem Bewusstsein versuchen wir nur davon abzusehen, und dann entgleitet uns dessen eigene wechselhafte Natur, das Gewahrsein, aus dem es sich "herausdreht".

Der Zusammenhang von Gewahrsein und Bewusstsein hat sich auch im Kapitel Individualität und Realität angedeutet: Durch den Wechsel der individuellen Wahrnehmung wird eine gemeinsame *Näherung* konstruiert, eine bewusste Realität (ein rollender Stift, ein Haus). Weil sich die Wechsel-Wicklung bei der Näherungsbildung verdichtet und die wechselnden Standpunkte im Trichterkanal "verschwinden", überschauen wir die Realitätsbildung nicht. Da Bewusstsein jedoch *immer* annähernde Gemeinsamkeiten erzeugt, ist der Bewusstseinstrichter ein Realitätstrichter. Er erschafft Realität *aus* dem Trichterkanal durch die Annäherung von Individualitäten zu *einem* Bewusstsein, aber *an keiner Stelle* durch einen Verzicht auf sie. Alles bleibt Gewahrsein.

Einige Aspekte werden auch aus den folgenden Abbildungen deutlich.

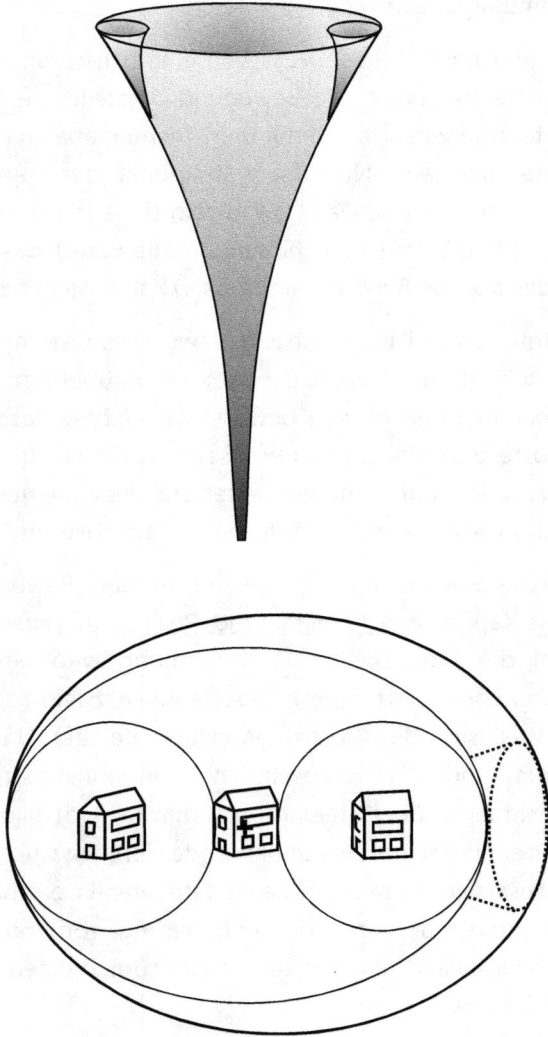

Abb. 1:

Oben dargestellt ist die umschreibende Verdichtung im Realitätstrichter. Unten zeigt eine mögliche Draufsicht, wie der Wechsel der Perspektive zu einem scheinbar ruhenden Objektbewusstsein kondensiert.

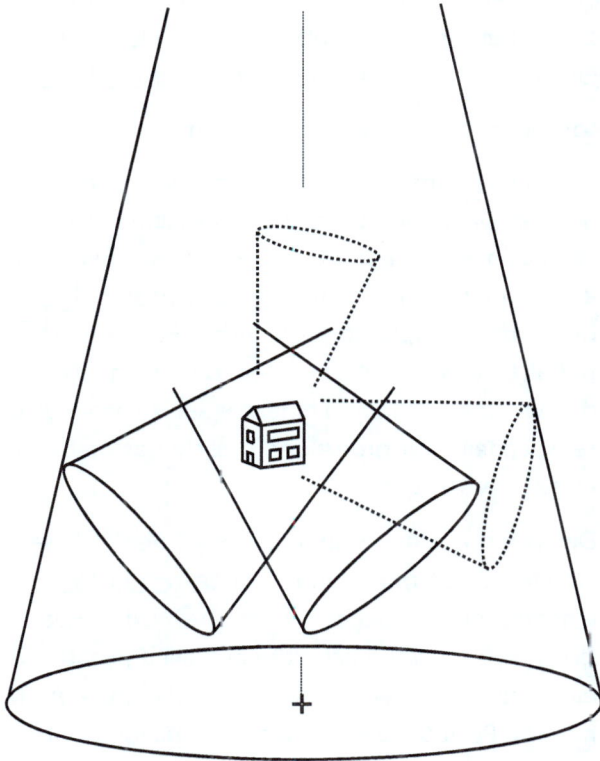

Abb. 2:

Hier ist Abb. 1 zusammengefasst und weiter vereinfacht.

Diesmal habe ich die Gesamtbewegung der Perspektive und das sich ergebende räumliche Objektgewahrsein betont.

All-das-was-ist (Gewahrsein II)

Wenn jede Perspektive individuell ist und wenn Strukturen nur durch umschreibende Wechsel entstehen, dann kann Wechsel nicht auf das Gewahrsein (I) eines Menschen beschränkt sein. Vielmehr muss jeder beliebige Standpunkt, jeder Wirkungsort wechseln und aus Wechseln hervorgehen. (Letztlich ist es der Wechsel unendlich kleiner Punkte einer I-Struktur - definiert in Bewusstsein I).

Diese Konsequenz zieht weitere nach sich:

1. Wir müssen uns grundsätzlich in das individuelle Gewahrsein anderer Menschen (und sogar in nichtmenschliches) hineinversetzen können. In der Tat fühlen wir uns ja in andere ein, könnten uns sonst nicht mit ihnen verständigen. Wir *nähern* uns ihren Standpunkten zumindest immer wieder an und unterhalten uns so mit Personen, die ihnen *ähnlich* sind. Würden wir uns *vollständig* hineinversetzen, wäre unser Bewusstsein schnell überfordert und müsste das meiste ins Unterbewusste verdrängen.

2. Der Wechsel eines Standpunktes ist der Wechsel der ganzen Realität (eine Umordnung des Realitätstrichters), nämlich von einer vorhergesehenen, *wahrscheinlichen* Realität zu einer *noch wahrscheinlicheren*, der aktuellen Realität. Während die eine Realität Vorrang erhält, fallen die anderen in ihre nachrangige Position. Sie werden oder bleiben potentiell, so wie es die jetzt vorrangige war. Doch sie verschwinden nicht: Sie sind weiterhin gewahrte Standpunkte.

Ein Standpunkt als Wirkungsort, als momentaner Realitätsgipfel und Zentrum strukturbildender Veränderungen, geht weit über das hinaus, was wir normalerweise unter "Bewusstsein" verstehen. Ein solcher Punkt kann *überall* sein, in einer Ameise, in einem Stern, im Vakuum. Er wäre nichtssagend, wenn kein Wechsel in ihm gipfelte, keine Umschreibung ihn bestimmte. Es gibt letztlich nur Wechsel als solchen - allumfassend und deshalb unendlich schnell: All-das-was-ist.

Bildet die *Form* des Wechsels eine Umschreibung (Ameise, Stern, Raum), beginnt sie, diese bestimmte Bewegung anderen *vorzuziehen* und sie gleichsam herauszufiltern. Durch verflochtene Wiederholung *erscheint* die Bewegung *langsamer*, obwohl der allumfassende Wechsel nach wie vor stattfindet. Nur ist er jetzt weitestgehend verborgen (tief im Kanal des Realitätstrichters).

- Da umschreibende Formen von Beginn an das ausbilden, was wir als Bewusstsein erkannt haben (<u>Bewusstsein I</u>), können wir auch von einem *allumfassenden Bewusstsein* sprechen.

- Da der Wechsel niemals aufhört und nur zwischen mehr oder weniger Bewusstem stattfindet (<u>Bewusstsein II</u>), erkennen wir ein *allumfassendes Gewahrsein*.

- Da Bewusstsein auch <u>Wahlfreiheit</u> bedeutet, haben wir es mit einem *wählenden allumfassenden Gewahrsein* zu tun.

Manche würden so etwas "Gott" nennen. Einen Gott, der in allem und jedem "lebt", da alles eine Phase seiner Bewegung ist. Zugleich befindet "Er" sich auf einem so unvorstellbaren Weg, dass seine Entscheidungen letztlich "unergründlich" sind. Andererseits aber sind unsere Entscheidungen ein Teil der seinen. Das heißt, was wir beschließen ist wichtig. Es erschafft ein weiteres Gewahrsein All-dessen-was-ist, eine einzigartige Hierarchie des Bewusstseins, eine vollständige Realität.

Und nur *unsere* Realität folgt *unserem* Weg. Sogar in Gott ist er neu.

Unterbewusstsein - frei oder unfrei?

Führen wir die Ergebnisse der Kapitel <u>Bewusstsein I und II</u> sowie <u>Gewahrsein I und II</u> zusammen, ergibt sich folgendes Bild:

- Was für uns im umschreibenden Wechsel der Perspektiven als deren gemeinsame Näherung existiert, ist uns bewusst.

- Entgleiten der Näherung Perspektiven, können wir ihrer immer noch gewahr sein. Sie existieren *als solche* im ständigen Wechsel.

- Alles dynamisch (das heißt im Wechsel) Existierende geht trichterartig von der bewusstesten "Öffnung" über einen sich perspektivisch "verengenden" Kanal in ein Gewahrsein über, das wir als *Unterbewusstsein* bezeichnen können.

- Dieses Unterbewusstsein erstreckt sich letztlich auf All-das-was-ist.

Unterbewusstes existiert also auch dann, wenn wir nicht bewusst "hinsehen". Denn unterbewusst sehen wir *immer* hin (immer wieder). Wir sind uns All-dessen-was-ist "verschwindend gewahr". Das bedeutet, wir sind ihm "wechselweise" verbunden und können dieses Gewahrsein auch erweitern. Wir können aber auch mit dem Fokus unseres Bewusstseins in dieses Gewahrsein hinabtauchen, den Trichterkanal nur an *bestimmten* Stellen weiter und reicher zurückkehren - an Wissen, Ahnungen und Empfindungen.

Was ist uns *dort* bewusst? Was entdecken wir, wenn wir hineintauchen? Andere Welten, andere Arten der Verknüpfung, das Wesen anderer Menschen? Ja, und zwar täglich - und am meisten nachts. Wir können lernen, mehr von diesen Eindrücken mitzubringen. Doch auch ohnedies entdecken wir hier viel von unserem eigenen Wesen.

Erweitern wir unsere Erkenntnisliste noch um einen Punkt und berücksichtigen mit dem zweiten auch unsere <u>Wahlfreiheit</u>:

- Da Bewusstsein und Gewahrsein sich nur im Grad der Betonung des umschriebenen Zentralbereichs unterscheiden, handelt es sich bei beiden um eine *einzige* I-Struktur.

- Eine I-Struktur *wählt* ihre weitere Veränderung - im Rahmen der Einschränkungen, die ihr "andere" I-Strukturen auferlegen.

Von solchen Einschränkungen scheinen wir umgeben zu sein. Schon was unser Nachbar entscheidet, kann uns beeinträchtigen, und mit dem Türrahmen lässt sich erst gar nicht reden. Doch erinnern wir uns daran, dass jedes Gewahrsein eine Hierarchie von wahrscheinlichen Realitäten ist, mit der wahrscheinlichsten hier und jetzt. Wenn wir also einen anderen Realitätstrichter wählen, strukturieren sich für uns alle wahrscheinlichen Realitäten um. Aber diese Realitäten existieren weiter als sie selbst. Auch ihre jeweiligen Top-Positionen existieren im Gewahrsein, nur eben nicht hier und jetzt für uns.

Wir müssen unseren Nachbarn also gar nicht bezwingen, denn er hat in einer anderen Realität längst eingewilligt. Wir müssen diese Realität nur *wählen*. (Er mag ruhig das Gleiche tun, mit jener Realität, in der *wir* eingewilligt haben.) Dazu sollten unsere Bewusstseinsfokusse in anderen betroffenen Lebensbereichen mit dieser Wahl einverstanden sein. Das heißt, wir sollten in unserem Gewahrsein die Hierarchie der eigenen inneren Entscheidungen harmonisieren. Dann geht der Nachbar, wohin wir *beide* es wollen. (Sogar die Version, in der wir beide spiegelverkehrt entscheiden, ist uns widerspruchslos gewahr, nur eben nicht hier und jetzt vorrangig.)

Warum ist dann der Türrahmen so fest? Ist er gar nicht: Nehmen Sie einen Vorschlaghammer und hauen Sie Ihn weg! Aber ich glaube, Sie *wollen* den Rahmen. Sie wollen die Erde und die Sonne. Sie wollen Bedingungen. Warum gerade *diese* Bedingungen - das wäre eine Frage an jenes Unterbewusstsein, in dem wir mehr von unserem Wesen zu finden hoffen.

Wahrscheinlichkeitsdenken

Wägen wir zwischen zwei Alternativen ab, sagen wir zwischen Job A und Job B, dann wägen wir zwischen ihrem jeweiligen *Vorrang* ab. Jeder Job hat eine bestimmte Realisierungswahrscheinlichkeit, die sich während des Abwägens ändern kann, woraufhin sich sogleich die Wahrscheinlichkeit des anderen anpasst. Das heißt, wenn wir Job B vorziehen, wird Job A unwahrscheinlicher, bleibt aber im Hintergrund noch eine Weile verfügbar. Mit Job B wählen wir eine individuelle *Wahrscheinlichkeitshierarchie als solche* zu unserer Realität.

Und die anderen Bewerber? Sie sind mitsamt ihren Entscheidungen ebenfalls Teil unserer Wahrscheinlichkeitshierarchie. Sie sind Aspekte *unseres individuellen* Gewahrseins, das sich *insgesamt* für eine neue individuelle Realität, eine neue Wahrscheinlichkeitshierarchie entscheidet. Das bedeutet im Umkehrschluss: Die anderen Bewerber haben *ihr eigenes* Gewahrsein und wählen *ihre eigenen* Wahrscheinlichkeitshierarchien. Im jeweiligen Gewahrsein *treffen* wir uns alle, *verschmelzen aber nicht.*

Entscheiden wir uns nun *durch und durch* für Job B, wählen die anderen folglich *in unserer Realität* Job A oder C. Mehr oder weniger bewusst. Analoges gilt für die anderen *in deren* Realitäten. Es entsteht dabei kein Widerspruch, denn in jeder individuellen Realität, aus jeder Perspektive, ist es eine *gemeinsame* Wahl. Auch nachdem ich Job B bekommen habe, kann ich mir meiner alternativen Realitäten in Job A oder C gewahr sein, so dass die individuellen Realitäten durchaus ineinandergreifen, aufeinander wirken. Es mag deshalb nicht leicht sein, durch und durch mit sich ins Reine zu kommen. Ist das jedoch geschafft, folgt die entsprechende Realität unweigerlich.

Es gibt auch keine Perspektive, in der *jeder durch und durch* Job B wählt, denn in der Bewerbungssituation laufen bereits die individuellen Vorentscheidungen aller Bewerber (und vieler anderer) für bestimmte Arbeitsbedingungen zusammen: Nur einer kann den Job haben, nicht etwa jeder eine Stunde lang oder alle zugleich. Und so enthielte eine Alle-wollen-durch-und-durch-Job-B-Situation einen inneren Widerspruch, der *von Anfang an* zur Auflösung drängt: durch eine *unterschiedliche* Wahl der Bewerber. Möglichst "rechtzeitig", aber auch noch kurz vor Vertragsunterzeichnung. Beobachten Sie sich bitte in Ihren Bewerbungssituationen. Ich wette, Sie wissen im Grunde schon vorher, ob Sie den Job kriegen - und sind eigentlich (tief im Innern, überwiegend) einverstanden. Als notorische Zweifler spielen wir nur gern "über Bande" und lassen uns vom Personalchef bestätigen. Dennoch: Die endgültige Entscheidung aller Beteiligten mag, so sie es wollen, erst im letzten Moment fallen.

Stark vereinfacht weil anschaulicher können wir alle Individuen als "Kegel" ihrer wahrscheinlichen Veränderungen wahrnehmen: Wir bewegen uns alle zusammen wie Geister (oder auch Gespenster) in einem gewissen Abstand voneinander unter einem einzigen Gewebe von Wahrscheinlichkeiten, das sich unseren Formen und Bewegungen anpasst. Das Gewebe zeigt die "sichtbare" Verflechtung unserer Wahlmöglichkeiten und Entscheidungen und lässt darunter noch mehr Potential ahnen. Unsere Entscheidungen für die eine oder andere Bewegungsrichtung müssen wir mit denen aller anderen Geister wenigstens grob abstimmen, so dass wir das Gewebe nicht zu sehr verziehen oder uns darin verheddern. Die Prioritäten und damit die Wahrscheinlichkeitsgestalten passen sich einander an bis sie überwiegend *harmonieren*.

Die Wahrscheinlichkeit von Entwicklungen als fünfte Dimension neben Raum und Zeit lässt uns nicht nur schwarz-weiß sehen, sondern vielfältige Alternativen im Hintergrund anerkennen, die uns wellenartig umspielen. Das wiederum führt zu einer *bewussteren* Kooperation mit anderen und einem erweiterten Gewahrsein unserer Möglichkeiten.

Die nächsten Abbildungen zeigen Bertas "Wahlbeziehungen".

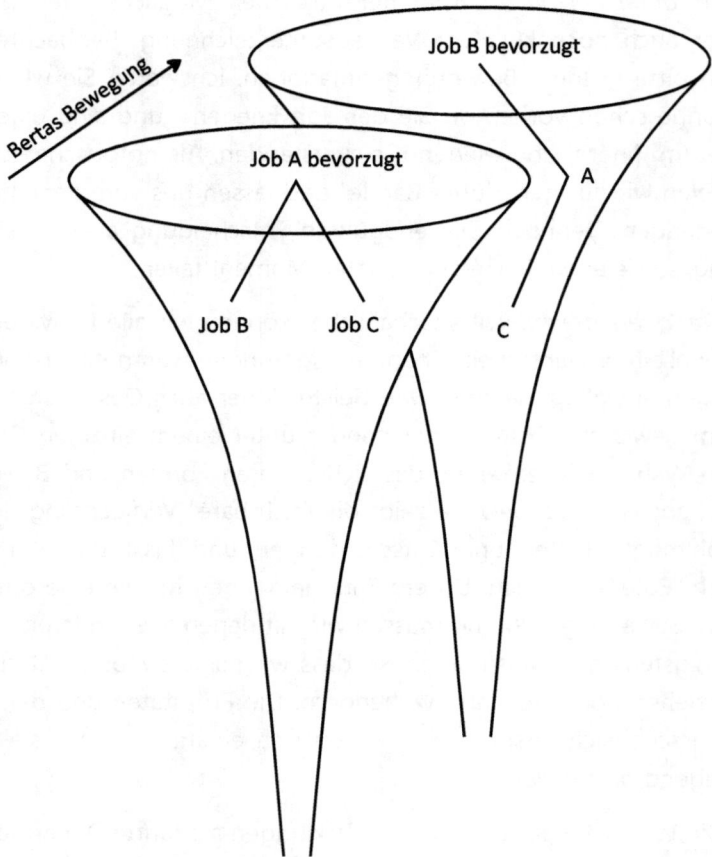

Abb. 3

Während sich Berta von Job A auf Job B besinnt, der ihr besser entspricht, schichten sich ihre gewahrten Alternativen in der Wahrscheinlichkeitshierarchie um.

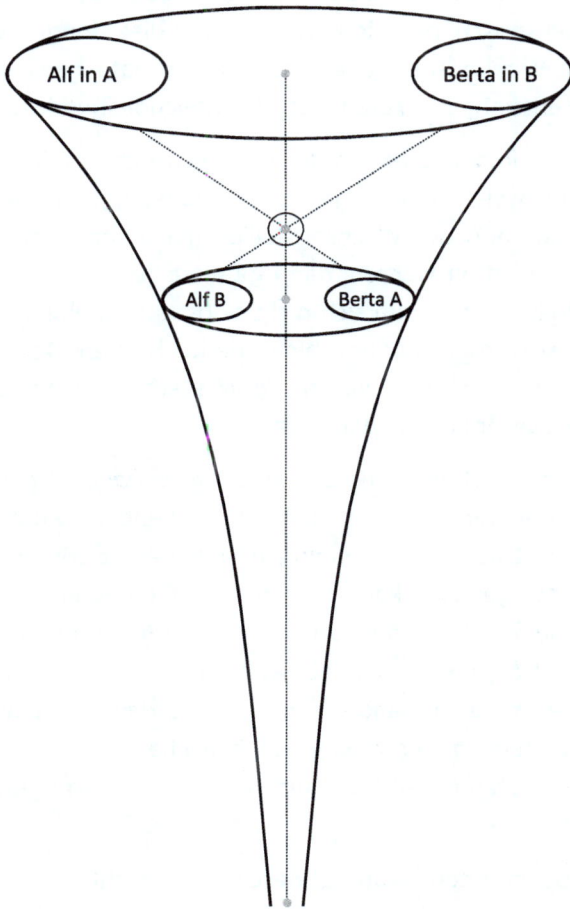

Abb. 4

Bertas Gewahrsein befindet sich mit dem ihres Rivalen Alf in einem gemeinsamen Ent-
scheidungs- und Abstimmungsprozess. Wenn sie Job B bevorzugt, muss er Job A wählen. Dabei sind sich beide ihrer alternativen Existenzen im jeweils anderen Job gewahr
und auch des alternativen Rivalen. Sie bilden ihre jeweils eigene wie auch eine kollektive Wahrscheinlichkeitshierarchie, die sich *zusammen* vom Bewussten bis zum Unterbewussten für eine *vorrangige* neue Gesamtstruktur entscheiden - zum Beispiel diejenige, in der Berta Job B hat und Alf Job A. Die alternative Gesamtstruktur fällt ebenso
nach unten wie Bertas "einzelne" Alternativen in Abb. 3.

Gibt es eine beständige Realität?

Wenn wir nur im ständigen Wechsel des Blickwinkels existieren können (sensorisch, psychisch, geistig) und dies sinngemäß für jeden beliebigen Wirkungsort gelten muss (Kaum hat's gewirkt, ist es anders), wie entsteht dann Stabilität, also Gleichbleibendes?

Natürlich durch *Wiederholung* des Wechsels: des Gedankens, der Betrachtungsweise, der gegenseitigen Bestätigung, der Wirkung. Ganz genau kann der Wechsel freilich nur einen unendlich kurzen Moment wiederholt werden, dann muss er bereits über die Wiederholung hinausreichen, um sich nicht selbst aufzuheben. Das heißt, er verändert sich *insgesamt* und bleibt dadurch offen. Doch zur Stabilisierung genügt schon *annähernde* Wiederholung. So glauben wir beispielsweise lange annähernd das Gleiche.

Warum nochmal wiederholen wir uns *überhaupt?* Weil sonst alles gleich wieder verschwände, nur einen unendlich kurzen Moment existierte. Hat aber etwas minimale Stabilität gewonnen und somit eine *Ganzheit* gebildet, kann diese weiter stabilisierend wirken, da ein Wechsel *mit ihr als solcher* nun auch mehr Wiederholung enthält: Jeder Wechsel *beinhaltet* ja seine Seiten und "bringt" dadurch von jeder Seite etwas in die andere ein. Ist eine davon relativ beständig, wird die andere immer wieder auf ähnliche Weise "angesprochen" und so zur Beständigkeit "verführt". Oder sie verliert irgendwann den Anschluss.

In der sogenannten "Materie" geschieht es nicht anders: Sie stabilisiert sich auf diese Weise in molekularen Wechsel-Wirkungen und bildet so Berge, Tisch und Klima. Da es sich hierbei um nichts als kleine und große Wechsel des Wirkungsortes handelt, kann der gesamte Wechsel prinzipiell bis ins menschliche Gehirn und seinen Geist verfolgt werden - und umgekehrt vom Geist in sein Gehirn in seine Umwelt. Wir finden vielfältige Zwischenstabilisierungen emotional-mentaler, mechanischer, elektromagnetischer, sonstiger und unbekannter Art, die alle zu unserer relativ beständigen Welt beitragen, aber niemals in sich abgeschlossen sind.

Nun ist die Ganzheit eines Wechsels allerdings, wie beschrieben, eine Bewusstseinsstruktur (siehe Bewusstsein I und II). Wir haben es folglich *überall* mit Formen von Bewusstsein zu tun - mit mehr oder weniger Wahlfreiheit (siehe dort sowie Unterbewusstsein) und einer zunehmend unbekannten Tiefe (siehe Gewahrsein I und II). Wir leben in einer Welt des wählenden Bewusstseins oder Gewahrseins. Also ist Beständigkeit *gewollt.*

Wir Menschen schaffen uns zum Beispiel juristische Gesetze; Tiere, Pflanzen und Bakterien bilden eigene soziale Regeln aus; und auch die Wechsel-Wirkungen der "Materie" fügen sich in Gesetzmäßigkeiten, sogenannte "Naturgesetze". Aus der relativen Offenheit jedes Wechselsystems folgt jedoch ebenso, dass es sich jederzeit mit einer gewissen Wahrscheinlichkeit ändern kann. Darum müssen selbst "Naturgesetze" auf irgendeine Weise relativ sein.

Ihre Stabilität beim Experimentieren beruht - wie die unserer Lebenswelt - auf relativ geschlossenen "kollektiven" Wechselbezügen. Sie bedeuten den weitgehenden Ausschluss von alternativen Wechselwegen und begünstigen gegenseitige "Abhängigkeiten". Was wir glauben, das suchen und finden wir mit höherer Wahrscheinlichkeit, und was wir meistens finden, das glauben wir. Wir wechseln immer wieder dorthin, mit allen anderen, die uns darauf verweisen, und verdrängen den scheinbar unpassenden "Rest". Schließlich sind Gefundenes und Geglaubtes untrennbar und mögliche Abweichungen abartig. Und damit haben wir sogar recht: Unser Realitätstrichter ist etabliert.

Nur von dem, was wir *trotz* bewusster Offenheit nicht ändern können, wissen wir noch nicht, *warum* es sich widersetzt. Andererseits wäre es auch merkwürdig, wenn wir mit begrenztem Weltwissen über unbegrenztes Potential verfügten. Oder unsere tiefsten Absichten verstünden.

Wahrheit, Harmonie und freier Wille

Der Kanal des Realitätstrichters fasst den Wechsel der weniger bewussten Standpunkte "perspektivisch" zusammen. Doch wenn sie dort nicht nur umherspringen, wirken sie auch enger aufeinander zurück und sind stellenweise zu Kernen gewickelt, die *viele Perspektiven harmonisch verbinden*. (Ohne Harmonie fielen sie wieder auseinander.)

So ein vergleichsweise harmonischer Kern wie zum Beispiel unser inneres Selbst kann unser Gewahrsein (I) zusammenhalten, und von ihm gehen wahrscheinlich *umfassender harmonierende* Denk- und Handlungsimpulse aus als von den Anpassungsrollen unseres kleinen Egos. Andererseits kann dieses Ego mit alltäglichen Situationen oft besser umgehen. Deshalb widmen sich am besten beide ihrem jeweils *eigenen* Thema und *profitieren* nur von der Fertigkeit des anderen. Eine solche Harmonie können wir *fühlen* wie ein schönes Konzert. Liegt das Ego stattdessen einmal ganz auf der Linie des inneren Selbst, kann man zwar von Einheit sprechen, aber kaum von Harmonie: Die Verbindung ist zu starr und das Duett wahrscheinlich kurz.

Harmonie kann damit als *sinnvolle Übereinstimmung* übersetzt werden und führt zu einer entsprechend sinnvollen Wahrheitsdefinition: Je mehr Einheit oder Harmonie eines Bewusstseinsinhaltes *mit der jeweils umfassenderen Ebene* besteht, desto wahrer ist er.

Aufeinander rückwirkende Wechsel (Wechselwirkungen) führen also zu einem lockeren hierarchischen Aufbau, in dem Wahrheit standpunktabhängig ist, aber nicht zu sehr. Die individuellen Wahrheiten treffen sich in einer Mitte, die *innerhalb ihres verwickelten Gewahrseins wesentlich weniger beweglich ist*. Erst wenn sich ihr Gewahrsein weitet, werden noch tiefere Wahrheiten einbezogen, welche die vorherige Mitte *auf einer noch umfassenderen Ebene* relativieren.

Wenn wir uns noch einmal den Realitätstrichter vorstellen, dann kommen innere Eingebungen durch den Trichterkanal, egal ob Impulse, Ideale oder Empfindungen (alles Bewusstseinsfokusse, da es nur gewahrten Wechsel gibt). Andererseits findet die bewussteste Umschreibung am Trichterrand statt und die Mitte der Gesamtumschreibung liegt genau auf der Trichterachse. Und hier wird es spannend:

Wie zur <u>Wahlfreiheit</u> erläutert, treffen wir Entscheidungen irgendwo zwischen Zentrum und Peripherie. Die Gesamtumschreibung "entschwindet" nun aber in den Trichterkanal! Sie wird verdichtet - "perspektivisch" bis hin zu einer stärkeren Verwicklung - und *fällt letztlich mit der Trichterachse zusammen*. Ob eine Entscheidung frei oder von einem inneren Impuls bestimmt ist, kann deshalb *letztlich* nicht mehr auseinandergehalten werden! Impulse können wir uns nur weiter oben bewusst machen, wo wir dann auch von ihnen abweichen mögen.

Haben wir Grund an unseren Eingebungen zu zweifeln? Das hängt davon ab, ob sie unserem tiefsten Wesen entspringen und von unserer Harmonie mit ihm. Denn Wahrheit ist ja wie gesagt Einheit oder Harmonie mit der jeweils umfassenderen Ebene. Umfassendere Vernetzung unterscheidet aber gerade ein Wesen von jeder seiner Erscheinungen. Je tiefer also der Ursprung einer Eingebung, desto wahrscheinlicher und desto mehr ist unser tiefstes Wesen an ihr beteiligt und desto vertrauenswürdiger ist sie. Und andersherum: Je authentischer wir unser tiefstes Inneres ausdrücken, desto vertrauenswürdiger sind wir selbst.

Dies bedeutet jedoch noch mehr: Wenn uns nicht bewusst ist, gewisse "Bedingungen" unseres Lebens gewählt zu haben, diese aber aufgrund unserer logischen Schlussfolgerungen gewählt sein müssen, liegt es nahe, dass diese Wahl auf einer umfassenderen Ebene stattfindet und durch unser innerstes Wesen maßgeblich bestimmt wird. Insofern drückt unsere Umgebung eine tiefe Wahrheit über uns selbst aus.

Erschaffung: Meisterprogramm

Die nächste einzigartige Realität, für die wir uns entschieden haben, erschaffen wir, indem wir diese Realität *voller Vertrauen* auf die Macht <u>All-dessen-was-ist</u> in die vorderste/oberste Position heben. In individueller und kollektiver Hinsicht. Die anderen fallen ab.

Dieses Hervorheben aus dem Reich des Wahrscheinlichen in unsere Position geschieht sowohl emotional als auch bildhaft. Es umfasst unser ganzes Erleben, unsere ganze Einordnung in die Natur.

Dem <u>Wahrscheinlichkeitsdenken</u> entsprechend verbinden wir uns mit denjenigen Aspekten aller Beteiligten, die mit unserer Entscheidung einverstanden sind. Indem wir gerade die Realität hervorheben, in der sich alle in unserem Sinn entschieden haben, statt einer, in der sie anders wählten, *erschaffen wir eine neue Hierarchie* der Wahrscheinlichkeiten mit der beabsichtigten an der Spitze.

Dennoch sind wir darauf angewiesen, dass die zustimmenden Aspekte nicht zu weit entfernt sind, also darauf, dass sie den Anderen *naheliegen*. Insofern können wir nicht alles Beliebige erschaffen. Das Ergebnis realisiert sich am besten so schnell, dass es in Harmonie mit allen eingehenden Bedürfnissen bleibt, das heißt mit der *Gesamtheit* der Wahrscheinlichkeiten. Langsamer ist überflüssig, schneller führt zu Verzerrungen und Konflikten.

Da wir den Rahmen, in dem wir jetzt entscheiden, aus unserem tiefen Eingebundensein in All-das-was-ist, aus der i-strukturierten Verwicklung mit allen anderen Individuen gewählt haben (<u>Unterbewusstsein</u>), folgen wir durchaus einem kollektiven Strom. Wir *lenken* die Potentialverwirklichung (vereinfachend "Energiefluss" genannt) im Sinn unserer Absicht, doch das Ziel manifestiert sich aus dem Ganzen. Deshalb seien Sie dankbar all denen, die Ihnen auf Ihrem Weg helfen.

Haben wir den Vorgang verstanden, können wir ihn als solchen imaginieren und mit einer subtilen Intensität unterlegen.

Diese "ziehende" Intensität unserer Absicht, Vorfreude und Sicherheit zu spüren ist ein bedeutender Aspekt des Energieflusses. Das Ziel sollte uns wichtig sein - solange wir seine Wichtigkeit nicht übertreiben. Wenn wir das nämlich tun, *verlieren* wir die Konzentration ans Diffuse oder gar an die Angst zu versagen. Und das brächte alles durcheinander.

Wenn wir mit uns im Reinen sind, wird es uns auch kaum aus der Bahn werfen, falls wir unser Ziel nicht erreichen. Wir haben eine mäßig gespannte Ruhe in uns selbst gefunden und würden mehr staunen als verzweifeln, wenn es schiefgeht. So ist das Anfängern empfohlene, vorübergehende Vergessen des Zieles eigentlich unnötig.

Natürlich funktioniert alles besser, wenn wir schon glücklich sind. Es ist noch mehr ein Spiel, und wir können dem Leben einfach *erlauben*, uns das Gewünschte zu liefern. Doch was wäre das für eine Welt, wenn es nicht auch aus dem Elend heraus ginge?

Zwar fällt es dann schwer, sauber zu fokussieren, aber Reinheit ist nur die ideale Voraussetzung, nicht die Bedingung. Bereits mit *überwiegender* Zuversicht werden Sie spürbare Erfolge erzielen. Es dauert allerdings etwas länger, und ob gleich die Ergebnisse kommen, die Sie *wirklich* wollen, steht auf einem anderen Blatt. Damit schließt sich der Kreis wieder zu unserem Königsweg und vitalen Imperativ: Suche dich selbst!

Böse Zungen könnten nur behaupten, es laufe alles auf Psychotherapie hinaus. Ja, liebe Leser, darüber sollten Sie wirklich einmal nachdenken...

Ist Glückseligkeit sinnvoll?

Andere würden eher fragen, welchen Sinn das Leben denn haben soll, wenn nicht den, glücklich zu werden. Wirklich? Ist das alles?

Da würde vielleicht auch eine raffinierte Droge genügen, die bis an ein fernes Lebensende vollkommene Glücksgefühle beschert. Nicht?

Gut, mir wäre das auch zu dumpf. Aber was suchen wir stattdessen?

Weltweite Umfragen haben gezeigt, dass die Menschen in einigen armen, stagnierenden Ländern glücklicher sind als in den meisten reichen, sich entwickelnden. Warum streben wir dann nach immer mehr? Man könnte meinen, wir suchen in der falschen Richtung. Doch die Häufigkeit dieser Richtung in reichen *und* armen Ländern lässt etwas anderes vermuten: Der Sinn sei nicht Glück, sondern *Wachstum*. Natürlich geht es dabei um geistig-seelischen Reichtum, selbst wenn er durch Erwachsenenspielzeug und andere Vergnügungen erlangt werden soll. Wenn Glück unserem geistig-seelischen Wachstum dient, gut. Wenn nicht, wird es letztlich kein Glück mehr sein, sondern so hohl wie sechs Limousinen für eine Person (die sich deshalb die siebente kauft).

Wahrscheinlich liegt darin ein Grund, warum viele Menschen lieber nach Ergebnissen eigener Arbeit streben und mit einer Art Lottogewinn höchstens liebäugeln. Sie suchen mehr oder weniger bewusst nach Herausforderung ihrer Fähigkeiten und wollen sich entwickeln, statt (nur) bequem zu erben. Und sie wählen unbewusst Partner, die immer mal das Letzte aus ihnen herausholen.

Manche Glücklichen streben aber auch bei näherem Hinsehen weder eine nennenswerte Entwicklung ihrer Fähigkeiten an noch suchen sie besondere Erfahrungen oder eine wesentliche Erweiterung ihres Gewahrseins. Sie folgen einfach ihren inneren Werten und lassen andere dasselbe tun. Hat das Sinn?

Immerhin ist der Sinn des Daseins zunächst das Dasein selbst. Sonst wäre ja *nichts* da. Mit unserem Dasein sind Erfahrung und Entfaltung gesichert, selbst wenn wir nichts anderes tun als faulenzen. Wir nehmen etwas wahr und unsere Existenz drückt etwas aus. Wir werden wahrgenommen und erhalten Reaktionen. Allenfalls können wir über das *Ausmaß* solch wechselseitiger Entwicklung diskutieren.

Wenn Sie jedoch <u>Gewahrsein I und II</u> gelesen haben, wissen Sie, dass sich unsere ständig wechselnden Wahrnehmungen nicht streng zu einer einzigen - Ihrer oder meiner - zusammenbringen lassen. Vielmehr gewahren wir ein grenzenloses, dynamisches <u>Unterbewusstsein</u>. Das heißt, wir verfügen über eine *innere* Verbindung zu anderen Individuen. Unsere eigene gespürte Individualität geht aus dieser Wechselverflechtung hervor. Daher können wir Sinn nicht bloß als flaches In-der-Welt-sein verstehen, sondern müssen ihn aus dem tiefen Zusammenhang mit anderen Wesen begreifen. Trägt also unser Glück zur Entwicklung und Erfüllung tiefer, innerer Werte vieler Individuen bei, ist es sinnvoller, als wenn es das nicht tut.

Umgekehrt allerdings muss eine solche Werterfüllung nicht glücklich machen. Glückseligkeit ist nur *eine* Art des Gewahrseins, die aus der Verflechtung der Individuen entstehen mag. Sogar wenn wir tiefe kollektive Ideale zum Maßstab nehmen und nur dann von Sinn sprechen, wenn wir "in ihrem Sinn" handeln, bedeutet das nicht zwangsläufig größeres Glück. Denn es sagt weder genug über unsere innere Harmonie aus noch über die Harmonie mit anderen: Wir können, wenn wir unglücklich sind, anderen guttun, ohne uns besser zu fühlen; und auch in sich ruhende Lehrer können unter der Langsamkeit ihrer Schüler leiden.

Höhere Harmonie - erfüllendes Leid?

Es gab Zeiten, da galt Leiden als gut, weil es einem höheren Zweck diente, dem späteren himmlischen Glück. Von anderer Warte aus wäre dies ein *umfassenderes* Glück, da es ja viel länger halten soll. Nicht unlogisch, nur eingleisig.

Denn hinter der gefühlten Disharmonie des Leids verbergen sich auch *unmittelbare* Harmonien: Unter der Trauer ist Liebe, die finanzielle Enge schreit nach geistiger Beweglichkeit, und in der Krankheit liegt Stille zum Erkennen. Nur wenn wir es nicht wahrhaben wollen, wenn wir die höhere Harmonie des Ganzen verleugnen, packt uns die Verzweiflung.

Das bedeutet nicht, dass wir andernfalls nicht leiden würden. Das Leid ist schon echt. Doch dahinter öffnet sich nun der tröstende Ozean des umfassenderen Zusammenhangs, aus dem heraus alles einen Sinn ergibt, auch wenn wir ihn (noch) nicht ganz verstehen. Würden wir das, hielten wir es sogar für möglich, eine so leidvolle Erfahrung freiwillig erschaffen zu haben, um einen höheren Wert zu begreifen.

Was heißt hier "höherer Wert"? Da ist zum einen der innere Wert, wenn wir einsehen, dass wir uns geistig-seelisch neu orientieren müssen und dies der Entwicklung unseres wahren, umfassenderen Selbst dient. Und da ist zum anderen der Wert für andere, deren Wechsel-Beziehung mit uns in die Selbstdefinition eingeht und aus der heraus wir unsere individuellen Werte festlegen. Obwohl die *bewusste* Gemeinschaft recht flach ist im Vergleich zur *gesamten* Bewegung, die unser Gewahrsein (II) erfüllt, sind die inneren Werte individualisierte *gesellschaftliche* Werte, denn sie entstehen aus der unbegrenzten Verflechtung des Unterbewusstseins.

Deshalb verstehen wir auch fast alle - aber auf individuelle Weise - was Liebe ist, oder Mitgefühl. Oder das Streben nach Vortrefflichkeit. Und wir spüren, dass auch Angst und Wut einem höheren Zweck dienen, solange wir sie nicht selbst von ihm trennen. Ist uns das klar geworden, erleben wir sie als weniger unangenehm. Wir können die

Angst *annehmen*, verstehen und loslassen. Überschüssige Wut können wir in Kreativität umwandeln.

Viele Menschen nehmen fehlendes Glück und sogar Leid in Kauf, um ein höheres Ideal zu verwirklichen, auch im kleinen Rahmen. Selbst wenn es nur ein schwer beschreibbarer Impuls ist und für die Zukunft ebenso wenig Freude verspricht. Aber nur dann, wenn sie den *Sinn* spüren. Sinn ist also das Empfinden einer Werterfüllung.

Glückseligkeit stellt sich dazu ein, wenn wir *auch* oberflächlich harmonieren - mit Menschen, Ideen, der Natur, uns selbst. Eine tiefere Wahrheit jedoch ist eine *höhere* Harmonie, da sie im Hintergrund viel mehr Perspektiven verbindet. Sie nimmt wenig Rücksicht auf unser vordergründiges Fühlen. Allerdings bewirkt sie jenes Empfinden von Werterfüllung, wenn man sich auf sie *einlässt*. Und damit ist sie immer sinnvoll.

Man kann natürlich sagen, der Sinn des Lebens sei vor allem Erfahrung. Im weitesten Sinn. Oder alles sei von Natur aus vollkommen. Im höchsten Sinn. Das kann nicht falsch sein, wenn man es aus einem Gewahrsein göttlicher Fülle heraus betrachtet, die sich selbst um alles Mögliche bereichert, indem sie sich vervielfältigt. Es ist auch der letzte Trost, wenn uns sonst nichts Sinnvolles zu umgeben scheint.

Hier und jetzt wünschen wir uns aber vielleicht etwas mehr "Durchgriff" von oben, eine auch vordergründige Harmonie. Dabei sind wir selbst Geschöpfe höherer Vollkommenheit und können uns daher schöpferisch um unser Wohl bemühen. Sobald wir allerdings auf Werterfüllung zugunsten oberflächlichen Glücks *verzichten*, entziehen wir ihm die Grundlage. Und zwar jetzt gleich, auch wenn wir es erst später *deutlich* spüren.

Urvertrauen

Wenn wir nach der einen Ursache fragen, die immer wieder zu menschlichem Fehlverhalten *wider besseres Wissen* führt, finden wir das *mangelnde Gespür für die Verbundenheit* mit anderen, der Umgebung und allem Höheren. Hätten wir es, wären wir uns dessen gewahr, dass alles eine einzige Bewusstseinsbewegung ist, dass jede Erfahrung in alle anderen Erfahrungen eingeht und aus dem dynamischen Gleichgewicht einer tiefen Ganzheit schöpft. Dieses umfassende Gleichgewicht ermöglicht uns einerseits, die eigene seelischsoziale Balance flexibel zu handhaben, ohne ins Bodenlose zu stürzen. Andererseits ist Flexibilität im Kleineren ein gutes Mittel, Stabilität im Größeren zu wahren.

Es ist ein intuitives Vertrauen, dass sich auf das Leben *einlässt* und auch Leidenschaften riskiert, statt ängstlich Abstand zu nehmen. Durch sie gewinnen wir tiefen Einblick in uns selbst; manchmal tiefer als wir bewusst gewollt haben. Vor allem, wenn sie im Desaster enden. Doch wenn wir einmal bis ins Detail begreifen, dass wirklich *jedes* Geschehen aus einer guten Absicht und den zutiefst freien Entscheidungen *aller* Beteiligten erschaffen wird, wenn wir diese Werterfüllung *spüren*, dann können wir uns fallenlassen und auf "Gottes" guten Willen vertrauen. Wir vertrauen darauf, dass jede Entscheidung aus dem bewussten oder unterbewussten Empfinden ihrer Sinnhaftigkeit getroffen wird und achten die Freiheit jedes Individuums, selbst für sich zu entscheiden, was das Sinnvollste ist.

Im Wahrscheinlichkeitsdenken sind alle Entscheidungen anderer Individuen Teil unserer eigenen. Nur wenn wir nicht durch und durch mit uns im Reinen sind, können ungewollte Widersprüche zu deren Wahl auftreten. Dies dürfte allerdings die Regel sein. Deshalb ist es so wichtig, die Freiheit des anderen zu respektieren: In ihr kommt auch unsere eigene tiefe Freiheit zum Ausdruck.

Wir werden daher vorzugsweise *Angebote* machen, aus unserer Sicht *faire* Angebote. Auch wenn sie nicht angenommen werden, haben wir *Optionen* eröffnet, die in alternativen, unterschwelligen Realitäten akzeptiert werden. Sie sind also niemals ohne Wirkung, auch in *unserem* Gewahrsein (II) nicht.

Die höhere Harmonie der Gesamtheit aller Wahrscheinlichkeiten wirkt dabei bis auf die niederste Ebene, da sie diese *einbezieht*. Somit ist sie dort auch spürbar: Der Nutzen *jedes* Ereignisses kann erfahren werden. Wir bedürfen dazu lediglich ausreichender Offenheit. Dieselbe Offenheit ist es allerdings auch, die uns von vornherein eine harmonische Variante wählen ließe.

> Schaffen wir auf *unserer* Ebene eine Disharmonie, verdrängen wir eine alternative, harmonische Wahrscheinlichkeit ins Unterbewusste. Im Zusammenhang mit allen anderen Wahrscheinlichkeiten begünstigen wir so auch eine *allgemeine* Disharmonisierung, die eintritt, wenn dafür *irgendeine* Harmonie in der unendlichen Ferne verschwindet. Was wir tun, ist keine Spielerei. Wir tragen nicht nur Verantwortung für uns selbst, sondern ungeachtet ihres freien Willens auch für alle anderen Individuen.
>
> (Leicht veränderter Auszug aus meinem Buch "Die Erschaffung der Realität")

Das verlorene Wissen und Empfinden dieser Harmonie bewirkt unsere Angst vor allen Abgründen, die uns noch mehr verschließt. Wir neigen dann zu übermäßiger Gruppenbildung und Ausgrenzung, bis hin zu Paranoia und Feindseligkeit. Schon der kleinste "Reiz des Verbotenen" kann nur entstehen, wenn wir uns eingeengt fühlen - nicht aber bei Offenheit und gegenseitigem Verständnis. Urvertrauen heißt, sich auch daran zu erinnern.

Literaturempfehlungen

Bücher

Jane Roberts: Die Natur der persönlichen Realität. Ein neues Bewusstsein als Quelle der Kreativität

Frederick E. Dodson: Reality Creation für Fortgeschrittene

Esther Kochte: Thetafloating. Aktiviere das spirituelle Potenzial deines Zellbewusstseins und erschaffe dich neu

Fritz Riemann: Grundformen der Angst. Eine tiefenpsychologische Studie

Michael Gienger: Lexikon der Heilsteine

Software

Astrostar Profi: www.astroglobe-web.de

* * *

DIE
ERSCHAFFUNG
DER REALITÄT

CLAUS JANEW

Ereignet sich die Wirklichkeit entsprechend unseren Überzeugungen?
Ist der Ablauf des Geschehens im Grunde unsere Lesart einer simultanen Schöpfung?
Sind wir vielleicht sogar der alleinige Schöpfer?
Beim tieferen Blick hinter die Kulissen unseres Realitätstheaters offenbart sich ein faszinierendes Bezugssystem, aus dem heraus wir unser Leben wahrhaft frei und doch verantwortlich gestalten.

www.sumari-verlag.de